汽车诊断仪检测故障
从入门到精通

QICHE ZHENDUANYI
JIANCE GUZHANG
CONG RUMEN DAO
JINGTONG

罗健章

卓幼义 | 主编

·北京·

内容简介

本书结合市场上使用量较多的两种汽车诊断仪（俗称汽车解码器）——道通诊断仪和元征诊断仪进行讲解，主要介绍这两种汽车诊断仪的特定功能和使用方法，并重点介绍其操作方法和操作步骤，且结合真实的诊断案例进行讲解。书中案例涉及的车型众多，基本涵盖了市面上的主流车型。全书内容系统实用，可操作性强，有利于汽车维修技术人员快速学习、理解和掌握。

本书适合汽车维修及故障诊断技术初学者使用，也可供职业技术院校汽车相关专业师生及汽车维修培训机构参考。

图书在版编目（CIP）数据

汽车诊断仪检测故障从入门到精通/罗健章，卓幼义主编. —北京：化学工业出版社，2024.3
ISBN 978-7-122-44541-4

Ⅰ.①汽… Ⅱ.①罗…②卓… Ⅲ.①汽车-故障检测②汽车-故障诊断 Ⅳ.①U472.9

中国国家版本馆CIP数据核字（2023）第231375号

责任编辑：黄　滢　　　　　装帧设计：王晓宇
责任校对：王鹏飞

出版发行：化学工业出版社
　　　　　（北京市东城区青年湖南街13号　邮政编码100011）
印　　刷：三河市航远印刷有限公司
装　　订：三河市宇新装订厂
787mm×1092mm　1/16　印张16½　字数428千字
2024年5月北京第1版第1次印刷

购书咨询：010-64518888　　　售后服务：010-64518899
网　　址：http://www.cip.com.cn

凡购买本书，如有缺损质量问题，本社销售中心负责调换。

定　价：99.00元　　　　　　　　　　版权所有　违者必究

前言

汽车故障诊断是汽车维修技术工人的必备技能，汽车维修诊断过程离不开汽车诊断仪（俗称汽车解码器）。汽车诊断仪功能强大，操作使用相对复杂，但是每位汽车维修人员又都应学会其使用方法，否则很难顺利完成汽车维修诊断工作。因此，为帮助汽车维修初学者快速掌握汽车诊断仪的使用方法和技巧，化学工业出版社特组织编写了本书。

本书结合市场上使用量较多的两种汽车诊断仪——道通诊断仪和元征诊断仪进行讲解，介绍这两种汽车诊断仪的特定功能和使用方法。

全书内容共分九章。第一章介绍汽车自诊断技术的发展、汽车标准 OBD 协议和汽车诊断仪的作用。第二章介绍汽车故障码的表示方法和含义、生成机理、检测方法及分类形式。第三章介绍道通和元征两种汽车诊断仪的功能和常规选用、使用及连接方法。第四至第九章介绍使用汽车诊断仪进行各类故障诊断过程中的操作方法，例如对世界五大车系（中国、日本、美国、欧洲、韩国）的汽车保养灯进行归零，对汽车进行各种匹配（节气门匹配、防盗钥匙匹配、安全气囊匹配、发动机电脑匹配、喷油嘴匹配、蓄电池匹配、电子手刹电脑匹配、ABS 模块更换后匹配、传感器匹配、方向机 ECU 更换匹配、更换仪表匹配）、基本设定、更换刹车片和编程设码及刷隐藏等。重点介绍操作方法和操作步骤，并结合真实的诊断案例进行讲解。书中案例涉及的车型众多，包括奔驰、宝马、比亚迪、大众、广汽传祺、三菱、沃尔沃、领克、本田、丰田、奥迪、吉利、路虎、现代、起亚、福特、日产、雪铁龙、东风、长城、众泰、荣威、绅宝、哈弗、雪佛兰、别克等，基本涵盖了市面上的主流车型。全书内容系统实用，可操作性强，有利于汽车维修人员快速学习、理解和掌握。

本书由罗健章、卓幼义主编，顾惠烽参编。感谢四会市骏越者科技服务有限公司对本书编写出版过程中提供的支持。

由于笔者水平所限，书中难免有疏漏和不妥之处，敬请广大读者批评指正。

编者

目录

第一章　汽车诊断仪概述 …… 001
一、汽车自诊断技术的发展 …… 001
二、汽车标准 OBD 协议 …… 001
三、汽车诊断仪的作用 …… 003

第二章　汽车故障码的生成机理与检测 …… 004
一、汽车故障码的表示方法和含义 …… 004
二、汽车故障码生成机理 …… 005
三、汽车故障码的检测方法 …… 006
四、汽车故障码的分类形式 …… 007

第三章　汽车诊断仪的常规使用 …… 009
一、如何选择合适的汽车诊断仪 …… 009
二、汽车诊断仪的功能介绍 …… 011
  1. 道通诊断仪 …… 011
  2. 元征诊断仪 …… 012
三、汽车诊断仪的连接 …… 013

第四章　汽车保养灯归零 …… 016
一、国产车系 …… 016
  1. 众泰车型 …… 016
  2. 荣威 550 车型 …… 018
  3. 绅宝车型 …… 021
  4. 长城炮车型 …… 024

  5. 吉利车型 ······ 026

  6. 哈弗车型 ······ 029

二、日本车系 ······ 032

三、美国车系 ······ 034

  1. 别克车型 ······ 034

  2. 雪佛兰车型 ······ 037

四、欧洲车系 ······ 040

  1. 大众车型 ······ 040

  2. 奔驰车型 ······ 044

  3. 宝马车型 ······ 049

  4. 奥迪车型 ······ 054

五、韩国车系 ······ 056

  1. 现代车型 ······ 056

  2. 起亚车型 ······ 060

第五章　汽车基本匹配方法 ······ 063

一、节气门匹配 ······ 063

  1. 丰田车型 ······ 063

  2. 福特车型 ······ 065

二、防盗钥匙匹配 ······ 068

  1. 日产车型 ······ 068

  2. 雪铁龙车型 ······ 074

三、安全气囊匹配 ······ 079

  1. 大众车型 ······ 079

  2. 现代车型 ······ 082

四、发动机电脑匹配 ······ 084

  1. 日产车型 ······ 084

  2. 东风车型 ······ 087

五、喷油嘴匹配 ······ 091

六、蓄电池匹配 ······ 101

七、电子手刹电脑匹配 ······ 108

八、ABS 模块更换后匹配 ······ 114

第六章　基本设定 …… 123

一、变速箱基本设定 …… 123
二、大灯基本设定 …… 132
三、空调基本设定 …… 141

第七章　更换刹车片 …… 153

一、奔驰车型 …… 153
二、宝马车型 …… 156
三、比亚迪车型 …… 159
四、大众车型 …… 163
五、广汽传祺车型 …… 166
六、三菱车型 …… 169
七、沃尔沃车型 …… 171
八、领克车型 …… 174
九、本田车型 …… 177
十、丰田车型 …… 181
十一、奥迪车型 …… 183
十二、吉利车型 …… 187
十三、路虎车型 …… 189

第八章　传感器匹配 …… 193

一、转向角匹配 …… 193
二、转向柱锁匹配 …… 198
三、悬挂校准 …… 201
四、天窗初始化 …… 204
五、刹车压力传感器校准 …… 207

第九章 其他匹配及编程设码 ········ 210

一、方向机 ECU 更换匹配 ········ 210
二、更换仪表匹配 ········ 214
三、解除车辆运输模式 ········ 218
四、防盗匹配 ········ 222
五、变速箱电脑在线编程 ········ 227
六、网关控制单元编码 ········ 236
七、在线编程 ········ 238
八、开通隐藏功能 ········ 244
    1. 大众开通运动指针   244
    2. 宝马开通"天使眼"   246
    3. 奔驰修改最高车速限制   248
    4. 奥迪关闭启停功能   253

第一章
汽车诊断仪概述

一、汽车自诊断技术的发展

在国外,现代汽车诊断技术主要是从20世纪60年代末70年代初开始的。首先出现的是一些专用的检测仪器,如发动机正时提前测试仪,这些仪器主要对发动机进行检测和检验,只是故障诊断的辅助工具。1972年在美国旧金山召开的第一次国际汽车安全会议上,汽车诊断标准化是其重要论题。在这次会议上,由于德国伏克斯瓦根公司的诊断装置、德国奔驰公司的诊断装置等的数据存储量小,缺乏对检测数据的综合分析能力,所以带有微处理器(MPC)系统的更为先进的车上检测装置迅速占据了汽车故障诊断的主流。

1976年美国通用公司推出世界上第一个电子点火控制系统MISAR,其中已具备了自诊断功能,它不但能控制点火系统,而且能对发动机冷却水温度、电路内部故障和蓄电池电压信号等进行实时监控,当发生异常情况时报警指示灯亮。MISAR的出现带动了其他各汽车生产商对车上诊断系统的研制,并且新研发的系统具有更多的检测和诊断项目,有的已超过50项。

进入20世纪80年代以后,车内诊断系统占多数的局面被打破,车外诊断系统有了很大发展。如1986年通用汽车公司推出的CAMS系统、福特公司推出的SBDS系统等,它们可以从随车系统上接收数据。用自身存储的故障诊断程序进行自动诊断,是具有较高水平的诊断系统。随着汽车电子技术的发展,故障自诊断系统已能对各传感器、执行器和ECU本身进行监测,并能判断和区分故障类型,以故障码的形式存储起来,供维修人员用专门的故障码读取设备读出。故障自诊断技术不仅应用在发动机电子控制系统中,而且在自动变速器、防抱死制动装置、安全气囊等系统的电脑控制单元中广泛使用,世界各大公司都推广这一技术,并开发出与各自车型配套的故障码读出设备,这给用户在汽车运行中及时发现故障和汽车修理时故障的查询带来了极大的方便。

目前,故障诊断系统有两种:第一种是具有自诊断功能,装在车内的仪表盘自诊断系统(称车内自诊断系统);第二种是车上具有诊断功能装置,但需要从车外进行测定的车外仪器诊断系统。随着时间的推移,第二种诊断系统越来越展示出其优越性,并逐渐占据主导地位。

二、汽车标准 OBD 协议

OBD-Ⅱ是Ⅱ型车载诊断系统的通信协议。标准中使用的通信协议包括 ISO 9141-2、

ISO 14230-4（KWP2000）、SAEJ 1850 PWM、SAEJ 1850 VPM 和 ISO 15765-4（CAN-BUS），不同的协议包含不同的内容。"OBD-Ⅱ"是指"on Board Diagnostics Ⅱ"，即Ⅱ型车载诊断系统的缩写。

对于 OBD-Ⅱ，在标准化后，统一采用 16 针梯形诊断接口。但由于通信协议不同，其各针脚的定义也存在着差异。

除部分引脚定义由 ISO/SAE 统一标准制定和预留外，其余引脚由厂家自定义。OBD-Ⅱ所使用的诊断通信协议标准如下。

① SAE J1850 PWM（脉冲宽度调制），如图 1-2-1 所示，主要用于福特汽车，诊断通信使用针 2、10，脉冲宽度 41.6kbit/s。

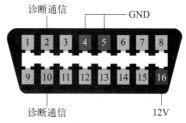

图 1-2-1　SAE J1850 PWM

② SAE J1850 VPM（可变脉冲宽度调制），如图 1-2-2 所示，主要用于通用汽车，诊断通信使用针 2，可变脉冲宽度为 10.4~41.6kbit/s。

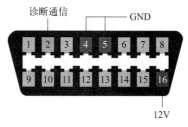

图 1-2-2　SAE J1850 VPM

③ ISO 9141-2（图 1-2-3）协议，主要用于欧洲汽车（2000~2004 年），诊断通信使用针 7、15。

④ ISO/DIS 14230-4（KWP 2000），是 2003 年以后的常见通信协议，诊断通信使用针 7。

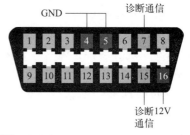

图 1-2-3　ISO 9141-2

⑤ ISO 15765-4（CAN-BUS）（图 1-2-4），是现在使用最多的通信协议，诊断通信使用针 6、14，传输速率 250kbit/s 或 500kbit/s。

OBD-Ⅱ诊断接口端子代码及含义见表 1-2-1。

双诊断线
Pin6：CAN High(CAN高)
Pin14：CAN Low(CAN低)
显性：CANH高电位、CANL低电位
隐性：CANH/CANL无驱动信号
CAN高信号电压：3.5V(2.75～4.50V)
CAN低信号电压：1.5V(0.50～2.25V)

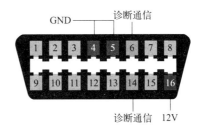

图 1-2-4　ISO 15765-4（CAN-BUS）

表 1-2-1　OBD-Ⅱ诊断接口端子代码及含义

端子代号	含义	端子代号	含义
1	供制造厂使用	9	供制造厂使用
2	SAE J1850 资料传输	10	SAE J1850 资料传输
3	供制造厂使用	11	供制造厂使用
4	车身搭铁	12	供制造厂使用
5	信号回路搭铁	13	供制造厂使用
6	供制造厂使用	14	供制造厂使用
7	ISO 9141 资料传输	15	ISO 9141 资料传输
8	供制造厂使用	16	接蓄电池正极

目前，SAE J1850 基本已被淘汰，大部分采用后三种协议，就是俗称的 K 线与 CAN 线（现阶段的主流选择）。

三、汽车诊断仪的作用

① 读取故障码。
② 清除故障码。
③ 读取发动机动态数据流。
④ 示波功能。
⑤ 元件动作测试。
⑥ 匹配、设定和编码等功能。

第二章
汽车故障码的生成机理与检测

一、汽车故障码的表示方法和含义

一般情况下，汽车故障码（DTC）包含五个字符。第一个是字母，后边的四个是数字，如图2-1-1所示。

第一位表示所产生故障码的系统类型。
第二位表示标准代码，有0～3四个数字。
第三位表示出现故障时对应的部件信息。
第四和第五位表示部件/系统的标识代码。

故障码编号是从00～99，不同的传感器、执行器和电路分配了不同区段的数字编号。这些数字提供了比较具体的信息，如电压低或高、响应慢、信号超出范围等。

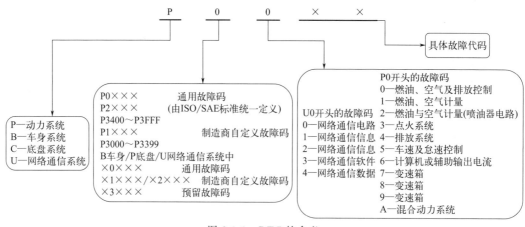

图 2-1-1　DTC 的含义

根据故障是否对排放产生影响，可分为影响排放的故障码和不影响排放的故障码。
① 对于影响排放的故障码，根据其故障灯点亮的机制分类如下。
A 类：故障发生一次就直接点亮发动机故障灯并记录故障码。

B类：故障在两个连续的工作循环中各发生一次时，点亮发动机故障灯并记录故障码。

E类：故障在三个连续的工作循环中各发生一次时，点亮发动机故障灯并记录故障码。

② 不影响排放的故障码分类如下。

C类：故障发生时只记录故障码，不点亮发动机故障灯，但厂家可根据需要点亮另外一个报警灯。

D类：故障发生时只记录故障码，不点亮任何报警灯。

二、汽车故障码生成机理

电脑的监测器具有自检监测功能，在OBD-Ⅱ系统中，延迟监测运行的因素可分为3类（表2-2-1），测试方式有3种（表2-2-2），监测内容有8项（表2-2-3）。

表2-2-1　延迟监测

延迟监测的因素	说明
次要延迟测试	监测系统在某些主要测试项目尚未通过前，会暂时不执行次要的测试项目
冲突延迟测试	当两个测试项目使用相同的电路或元件时，监测系统会在每项测试结束后才进行其他测试，以免冲突
优先权延迟测试	每一项废气控制系统的测试都有优先权代码，优先权越高的项目越早进行

表2-2-2　测试方式

测试方式	说明
主动测试	当被动测试失败时，监测器会发送测试信号到元件，再判断其相应状态
被动测试	在不影响系统或元件动作的情况下，监测其动作是否正常
强制测试	在被动及主动测试失败时，使用强制测试进行系统和元件的检查，进行这项测试会影响发动机输出及废气排放

表2-2-3　监测内容

监测内容	说明
综合元件监测	综合元件监测（CCM），监测的元件包含空气流量计、进气温度传感器、水温传感器、节气门位置传感器、曲轴位置传感器、凸轮轴位置传感器、燃油泵、怠速控制阀、锁止离合器等元件。在进行监测时，CCM首先检查各元件信号电压是否过高（断路）、过低（短路），信号是否超出范围；其次检查信号的合理性，例如在进气量检测系统上，CCM将TPS信号与MAP信号做比较，当节气门开度变化时，进气歧管真空度应随之变化
催化剂转换器监测	OBD-Ⅱ的催化剂转换器效率监测，必须使用催化剂后方的副氧传感器。当催化剂工作正常时，催化剂前方的主氧传感器的变动次数应远高于后方的副氧传感器，通过比较前、后氧传感器的变化次数来判定催化剂是否老化
氧传感器监测	监测器监测前、后氧传感器的加热线路及发动机控制电脑参数信号是否短路或断路，主氧传感器信号电压的高低变化，以及变化频率。在测试变化频率时，发动机控制电脑检查在某一固定时间内，信号电压跨越中点（0.45V）的次数是否与内定值相符。另外，还检查浓稀的转换时间，并与电脑的内定值比较。催化剂后的副氧传感器监测方式，一般以击穿测试进行，电脑以固定浓稀的方式供油，直到催化剂无法进行氧化还原反应时，催化剂后方的副氧传感器也应有浓稀电压变化。在连续两次启动运转过程中，氧传感器都无法通过测试时，故障指示灯即点亮并设定故障码

续表

监测内容	说明
发动机失火监测	发动机失火的原因可能由压缩比、空燃比和点火不良等因素所造成。当发动机失火时,未燃烧的燃油蒸气(HC)会直接排入催化剂转换器,造成催化剂寿命缩短。由于失火发生的瞬间会减慢曲轴的转速,因此可用曲轴位置传感器来判定是否发生熄火,再配合凸轮轴位置传感器即可知道是哪一缸发生失火
燃油修正监测	OBD-Ⅱ检查两项燃油修正数值是否超出上、下限,第一项是短效修正,它根据氧传感器的信号来快速增减燃油喷射时间;第二项是长效修正,当短效修正超过3%~5%一段时间后,长效修正即以新的供油时间来取代电脑内定的供油时间。这两项修正值在电脑中分别设有修正的上、下限。OBD-Ⅱ设定的上、下限为25%~30%,当修正超出限制时即设定故障
燃油蒸气蒸发控制系统监测	活性炭罐吸收燃油箱中的燃油蒸气,在暖机后或车辆行驶时再将燃油蒸气送入燃烧室燃烧。燃油蒸气蒸发控制系统(EVAP)在不同车上各有不同。在进行系统状况监测下,在车辆行驶时,EVAP监测器先关闭大气呼吸孔并打开活性炭罐电磁阀,此时用油箱压力传感器所测得的系统真空上升率来决定油气流量。当进行系统漏气测试时,监测器先关闭活性炭罐电磁阀,接着再以油箱压力传感器来测量漏气率。若在连续2次启动运行过程中,其泄漏率都超出电脑的内定值,即点亮故障指示灯并设定故障码
废气再循环监测	不同厂家所使用的监测方式各不相同。一般情况下,都是利用电脑在开、关废气再循环(EGR)阀门时,以其他传感器来监测EGR动作,例如通用车型利用MAP监测,克莱斯勒车型利用氧传感器监测等。在连续两次启动运行过程中,EGR的效率都无法达到预测值时,电脑即设定故障
二次空气喷射监测	监测器检查系统内的各电器元件是否正常,并以氧传感器判定此系统是否正常。由于监测过程中会利用到氧传感器,因此监测器待氧传感器监测完成后才进行二次空气喷射监测。如同前面各监测项目,必须连续2次启动运转过程中都监测到故障,电脑才设定故障码

三、汽车故障码的检测方法

现在的汽车都提供故障自诊断功能。自诊断功能的原理是：ECU内部故障诊断电路能在汽车运行过程中不断监控电控系统各个输入元件信号,当发现电子元件有故障时能自动启动故障运行程序,将故障以代码的形式储存在电脑的RAM中,并且这一现象在一段时间内不消失,ECU便判断为这一部分信号电路有故障。ECU把这种故障以代码的形式存入内部随机存储器,同时点亮仪表板上的故障指示灯,提醒驾驶员。

汽车任何故障码的设定都具有一定的条件,当自诊断系统检测到某一个或几个信号超出其设定条件时,ECU将确定故障码。通常汽车ECU对故障码的确定方法主要有以下几种。

（1）值域判定法　当输入信号超出规定的数值范围时,自诊断系统就确认该输入信号出现故障。例如,水温传感器设计成在正常温度范围内（30~120℃）,输出电压为0.3~4.7V,当ECU检测出信号小于0.15V或大于4.85V时,就判定水温传感器信号短路、断路或传感器损坏故障。

（2）时域判定法　当ECU发现某一输入信号在一定的时间内没有发生变化或变化没有达到预先规定的次数时,自诊断系统就确定该信号出现故障。例如,氧传感器的信号,不仅要求有信号电压和电压的变化,而且信号电压的变化频率在一定时间内要超过一定的数值（如某些车型要求要达到8次/10s）,当小于此数值时就会产生故障码,表示传感器响应过慢。

（3）功能判定法　当ECU向执行器发出指令后,检测相应的传感器或反馈信号的输出参数变化，若输出信号没有按照程序规定的趋势变化，就确定有故障。例如，在一些车上 ECU 发出开启废气再循环（EGR）阀命令后，检测进气压力传感器 MAP 输出信号是否有相应变化，用以确定 EGR 阀有无动作，若无变化，则认为 EGR 阀及电路故障。有些车型如别克采用 EGR 阀位置传感器来判断 EGR 阀的工作情况。

（4）逻辑判定法 ECU 对两个或两个以上具有相互联系的传感器进行数据比较，当发现两个传感器信号间的逻辑关系违反设定条件时，就断定其一或两者有故障。例如，ECU 检测到发动机转速大于 3000r/min，而节气门位置传感器输出信号小于 5%，对于发动机而言，这种关系不可能存在，ECU 就判定节气门位置传感器出现故障。

四、汽车故障码的分类形式

汽车故障码的分类有两种形式，即历史故障码和当前故障码（图 2-4-1）。

历史故障码又称间歇性故障码或软故障码，它是过去发生但当前没有发生的故障所产生的还未被清除的故障码。历史故障码产生有两种情况：一种是故障已经排除，只是未清除故障码，该故障码被清除后就不会再次产生；另一种是故障并未排除，只是当前没有发生，该故障码被清除后当故障再次发生时故障码还会出现，所以只有在彻底排除故障后才能完全清除故障码。

(a) 历史故障码

(b) 当前故障码

图 2-4-1 故障码类型

当前故障码又称硬故障码，是正在发生的故障所产生的故障码，是当前确实存在的故障且故障码也存在。它属于持续性故障产生的故障码，不会被清除。

当前故障码是当前确实存在的故障，比较容易判断。而历史故障码比较难以诊断，因为历史故障码只是曾经发生的故障而现在没有，可能需要很长时间来捕捉历史故障码的重现或需要人为地创造可重现故障的条件，如加热、振动等，同时需要较好的设备来捕捉故障出现瞬间各种数据参数的变化才行。因此，一般先解决当前故障码，而对于历史故障码暂时作为故障诊断的参考。

历史故障码和当前故障码可以通过以下方法进行区分：

① 首先用汽车诊断仪读取全部故障码（具体操作方法在后面各章节进行介绍）；

② 清除所有故障码；

③ 试车（这里要强调的是，试车不是在启动后原地运转发动机，而是进行路试，对某些故障码，必须按设计要求进行规定的工况路试才行）；

④ 再读取故障码。

第二次读取的故障码是当前故障码。第一次读取时有，而第二次读取时没有的故障码则是历史故障码。

第三章
汽车诊断仪的常规使用

一、如何选择合适的汽车诊断仪

（1）考虑配置　配置主要指硬件参数，因为硬件参数是最容易比较的。汽车诊断仪的 CPU 主频、内存大小、存储容量大小、安卓系统内核版本、电池容量大小、平面大小及清晰度，这 7 个参数是需要比较的重要参数。由于汽车电子技术发展很快，汽车诊断仪的系统经常会更新：

① 采用高通八核处理器；
② 9.7in（1in=2.54cm，下同）1024×768 LCD 电容式触摸屏；
③ 内置稳定、快速的 128GB 固态硬盘驱动；
④ 1600 万像素后置摄像头，具有自动闪光聚焦功能；
⑤ 独特的人体工程学设计，外加加固型机壳与橡胶保护套；
⑥ 内置可再充 11000mA·h、3.7V 锂聚合物电池，可持续运行长达 8h；
⑦ USB、音频及多个设备端口方便设备连接；
⑧ 支持 VCI 蓝牙无线连接进行远程车辆诊断通信。

（2）考虑功能　汽车诊断仪（图 3-1-1）的核心指标就是功能，因为使用诊断仪的目的是解决问题。由于汽车品牌、车型、年份、系统太多且很复杂，就决定了综合汽车诊断仪的多功能要求。如果少了一个功能，那么在进行车辆维修时，这款诊断仪的使用价值就会大打折扣，直接影响到车辆维修效率。汽车诊断仪除了基本功能（如读码、清码、冻结帧、数据流、动作测试等）外，在特殊功能的数量配置方面，是需要重点比较的。一个汽车诊断仪品牌，会形成多个诊断仪型号，每个型号的价格是不一样的，有贵贱之分。除了硬件参数不一样外，主要区别在特殊功能的配置方面，特殊功能多的价格就贵，反之特殊功能少的价格就便宜。

（3）考虑服务　由于汽车诊断仪的特殊性质，涉及太多车型、年份、系统及功能，而且任何一款汽车诊断仪都可能有诊断不了的车型。汽车维修技师也不可能什么车都会修。因此，技术支持、售后服务和即时开发能力，才是真正衡量汽车诊断仪背后技术含量和真正价值的指标。

有无健全的售后团队及平台，能否做到反馈通畅，是否能做到快速响应和跟进，能否做到研发工程师及时参与开发和解决问题，能否安排人员上门解决和服务等，这些也是需要考虑的。

（4）考虑配件　汽车诊断仪的配件也很重要，国内基本没有或很少存在需要 OBD-Ⅰ转

图 3-1-1 汽车诊断仪

接头的车辆了,但是通用系列、克莱斯勒、日产等新车型,需要 CAN-FD、克莱斯勒 16＋8、日产 16＋32 等转接头,如果没有这些转接头,当维修这类车辆时,则无法诊断。在选购诊断仪时,也需要比较这些配件是否具备(图 3-1-2)。

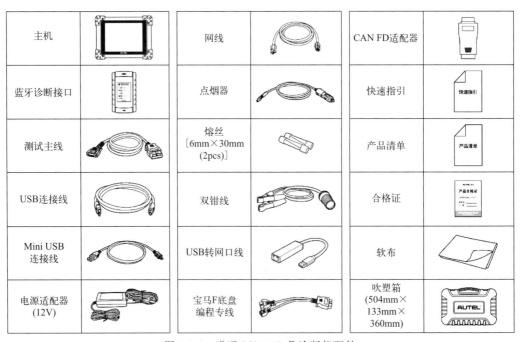

图 3-1-2 道通 MS908S Ⅱ 诊断仪配件

（5）考虑价格　价格一般是衡量汽车诊断仪的核心指标,甚至很多人把它作为第一指标来衡量。但参数性能、功能配置、服务能力及配件方面是最重要的,同时价格也离不开以上几个方面。

（6）考虑实力　公司是否具备大规模的研发团队和实力,是否具有长期生存的能力和条件,是否具备客户服务意识。

二、汽车诊断仪的功能介绍

1. 道通诊断仪

以道通 MS906 Pro 平板诊断仪为例（图 3-2-1）进行介绍。

支持控制模块编程设码、引导功能、ECU 更换匹配、仪表更换匹配、DPF 尾气后处理、解除车辆运输模式、防盗匹配、喷油嘴编程、空气悬挂标定、气囊复位、胎压监测、保养灯归零、节气门匹配、电子驻车启动、天窗门窗初始化学习、蓄电池更换、ABS 排气系统监测、遥控器匹配、齿讯学习、离合器踏板学习、空调初始化学习、变速箱初始化、智能巡航控制标准、大灯调节、方向盘角度传感器标定等。

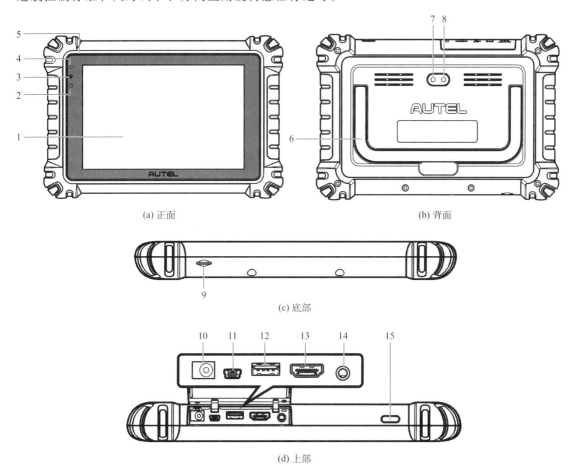

图 3-2-1　道通 MS906 Pro 平板诊断仪

1—8in LED 电容式触摸屏；2—光线传感器（用于感测周围环境的亮度）；3—电源指示灯（指示电池电量和电池充电及系统状态）；4—前置摄像头；5—麦克风；6—可折叠支架（从平板背面展开支撑设备，方便平稳摆放及免提浏览）；7—后置摄像头；8—闪光灯；9—TF 卡卡槽；10—电源插口；11—Mini USB 端口；12—通用 USB 端口；13—HDMI 端口；14—耳机插孔（3 段 3.5mm）；15—锁屏/电源按钮（长按可开启/关闭平板，短按可锁屏）

车辆通信接口如图 3-2-2 所示。

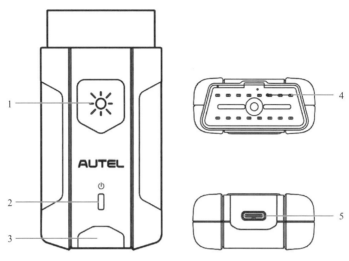

图 3-2-2　车辆通信接口

1—照明指示灯按钮（按压按钮，白灯亮起）；2—电源指示灯（开机自检时黄灯常亮，通电后绿灯常亮，升级时红灯闪烁）；3—连接指示灯（USB 连接成功后绿灯常亮，数据通信时绿灯闪烁，蓝牙连接成功后蓝灯常亮，数据通信时蓝灯闪烁）；4—车辆诊断接口（16 针接头）；5—USB 端口

2. 元征诊断仪

以元征 X-431 PAD Ⅶ 诊断仪为例（图 3-2-3）进行介绍。

（1）综合诊断　支持全车系、全系统、全功能的快速诊断、读取故障码、清除故障码、读取数据流、动作测试等。

（2）智能诊断　在联网状态下，可自动识别车辆信息并完成快速诊断，还可在线查阅车辆历史维修记录，属行业首创。

（3）在线编程　支持奔驰、宝马、通用、福特、大众、奥迪、保时捷、日产、路虎、北京现代、马自达、上汽荣威、斯巴鲁、悦达起亚车系引导功能，且在持续更新中。

（4）远程诊断　自主研发且获国家专利的远程诊断技术，基于 Web 远程诊断，可实现

(a) 诊断仪正反面　　　　　　　　　　　　　　(b) 诊断仪蓝牙

图 3-2-3　元征 X-431 PAD Ⅶ 诊断仪

手机或计算机与设备之间进行实时通信,完成车辆远程诊断,且网络宽带及系统资源占用率低。

SmartLink 远程诊断:诊断盒可作为 SmartLink C 使用,可在主机上对应的功能模块直接发布需求(使用此模块需先激活设备)。

(5) 环保 M 站功能

① 检测车辆基本信息:VIN 码、年款、里程、故障灯状态等。

② 读取 EOBD 故障码、清除故障码、复检是否存在故障码。

③ 检测车辆就绪状态、IUPR、冻结帧。

④ 生成检查报告。

(6) 特殊功能　支持大部分车辆可编程模块的匹配、设码及常用特殊功能,如保养灯归零、节气门学习、转向角学习、刹车片更换、胎压复位、防盗匹配、ABS 排气监测、电池更换、齿讯学习、喷油嘴编码、DPF 再生、天窗初始化、大灯匹配、悬挂匹配、变速箱匹配、EGR 阀自学习、门窗标定、座椅标定、轮胎改装、语言设置、A/F 调校、电子水泵启动、解除运输模式、尿素复位、NO_x 复位、启停设置、自动空调初始化、发动机动力平衡、GPF 再生、电机角位置传感器标定、高压蓄电池健康检测、防盗编程器校准、智能巡航控制系统校准等。

(7) 拓扑图　原厂级车辆检测功能,图形化展示车辆电控系统组织结构。

(8) 引脚检测　检测车辆的 OBD-Ⅱ诊断座引脚的电压和支持的协议类型,协助判断 OBD-Ⅱ诊断接口情况。

(9) 检测计划　即故障引导,可根据提示进行操作,协助进行故障检测。

(10) ADAS　可搭配 X-431 ADAS PRO 和 X-431 ADAS Mobile 设备,支持静态和动态两种校准方式。静态校准即在规范的维修环境下,通过校准设备及标靶,结合校准软件完成校准,动态校准则无需校准设备,只需通过校准软件发起学习。

(11) 胎压诊断　支持胎压诊断扩展(需搭配胎压检测手持终端),可实现 TPMS 传感器激活、读取、学习和编程功能。

(12) 商城　支持在线购买软件、商用车扩展模块扩展。

(13) 维修资料库　支持元征资料库和行业资料库,提供超过 1600 个车型以及大于 10000GB 的维修资料库,包括在线视频、电路图、维修手册、维修案例等。

(14) 培训视频　提供车辆诊断功能实操演示、ADAS 校准演示及产品操作等众多培训视频,且在不断更新中。

(15) 传统诊断　若处于无网络环境中,智能诊断无法使用,此时可选择传统诊断,手动选择车系及车型进行车辆故障检测。

(16) 软件升级　支持操作系统、客户端、车型软件及固件的一键升级。

(17) 智能维修生态服务　全新的汽车智能维修生态服务系统,提供接车、工单管理、配件查询、门店管理等功能,帮助维修门店提高工作效率,提升用户体验。

(18) 诊断反馈　在使用过程中若遇到特殊情况下的车型软件及功能异常,可以把问题反馈给元征公司,会有专门的技术人员进行跟踪和处理。

三、汽车诊断仪的连接

① 将车辆通信接口设备与车辆诊断座连接,诊断座通常位于车辆仪表板下方(图 3-3-1)。

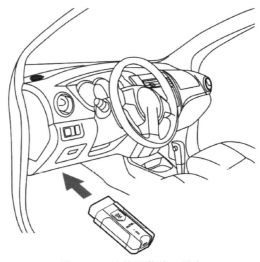

图 3-3-1　连接通信接口设备

② 启动平板诊断设备（图 3-3-2），应确保平板内置电池电量充足或已连接标配充电器。

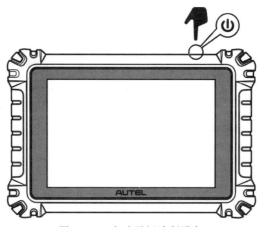

图 3-3-2　启动平板诊断设备

③ 通过蓝牙配对建立平板诊断设备和车辆通信接口 V200 设备之间的通信（图 3-3-3）。

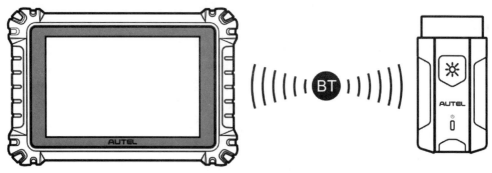

图 3-3-3　建立通信

④ 车辆通信接口设备与车辆和平板诊断设备连接好后（图 3-3-4），屏幕底部导航栏上

的 VCI 按钮上会显示一个绿色标识,表示设备已准备就绪,可随时开始车辆诊断。

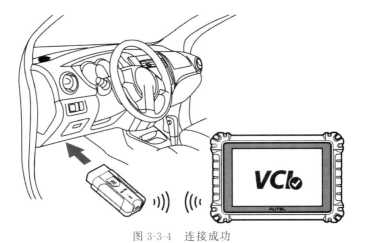

图 3-3-4　连接成功

第四章
汽车保养灯归零

一、国产车系

1. 众泰车型

以元征 X-431PAD Ⅲ 对 2017 年款众泰 T700 保养灯归零为例进行介绍。

① 选择"组合仪表系统（ICU）"（图 4-1-1）。

图 4-1-1　选择"组合仪表系统（ICU）"

② 选择"特殊功能"（图 4-1-2）。

图 4-1-2　选择"特殊功能"

③ 选择"保养灯归零"功能（图 4-1-3）。

图 4-1-3　选择"保养灯归零"功能

④ 点击"确定"执行保养灯归零（图 4-1-4）。

图 4-1-4　点击"确定"执行保养灯归零

⑤ 保养灯归零动作完成（图 4-1-5）。

图 4-1-5　保养灯归零动作完成

2. 荣威 550 车型

以元征 X-431PAD Ⅲ 对 2008 年款荣威 550 保养灯归零为例进行介绍。

① 进行智能诊断，确认车型信息正确，点击"是"（图 4-1-6）。

图 4-1-6　确认车型信息正确

② 选择"IPK（仪表单元）"（图 4-1-7）。

图 4-1-7　选择"IPK（仪表单元）"

③ 选择"特殊功能"（图 4-1-8）。

图 4-1-8　选择"特殊功能"

④ 选择"保养间隔复位"（图 4-1-9）。

图 4-1-9　选择"保养间隔复位"

⑤ 点击"确定"执行该功能（图 4-1-10）。

图 4-1-10　点击"确定"执行该功能

⑥ 确保点火开关置于 ON，引擎没有启动，点击"确定"（图 4-1-11）。

图 4-1-11　确保点火开关置于 ON

⑦ 点击"是",继续执行该功能(图 4-1-12)。

图 4-1-12 继续执行该功能

⑧ 点击"是"并继续(图 4-1-13)。

图 4-1-13 点击"是"并继续

⑨ 保养间隔重置完成,点击"确定"(图 4-1-14)。

图 4-1-14 保养间隔重置完成

3. 绅宝车型

以元征 X-431PAD Ⅲ 对 2013 年款绅宝 D70 保养灯归零为例进行介绍。

① 选择"组合仪表（MIU）"，点击进入（图 4-1-15）。

图 4-1-15　选择"组合仪表（MIU）"

② 选择"写入保养里程"，点击进入（图 4-1-16）。

图 4-1-16　选择"写入保养里程"

③ 点击"读取保养里程"（图 4-1-17）。

图 4-1-17　点击"读取保养里程"

④ 显示当前保养里程（图 4-1-18）。

图 4-1-18　显示当前保养里程

⑤ 返回后，点击"写入保养里程"（图 4-1-19）。

图 4-1-19　点击"写入保养里程"

⑥ 按照北汽保养规范输入保养里程并点击"是"（图 4-1-20）。

图 4-1-20　按照北汽保养规范输入保养里程并点击"是"

⑦ 输入下次保养里程（图 4-1-21）。

图 4-1-21　输入下次保养里程

⑧ 确认输入的保养里程并点击"是"（图 4-1-22）。

图 4-1-22　确认输入的保养里程并点击"是"

⑨ 点击"确定"，保养归零完成（图 4-1-23）。

图 4-1-23　保养归零完成

4. 长城炮车型

以道通 MS906S 对 2019 年款长城炮保养灯归零为例进行介绍。

① 连接诊断仪,选择"长城汽车",然后点击"长城炮"(图 4-1-24)。

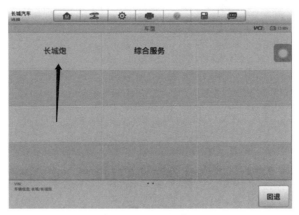

图 4-1-24 选择车型

② 选择"常用特殊功能"(图 4-1-25)。

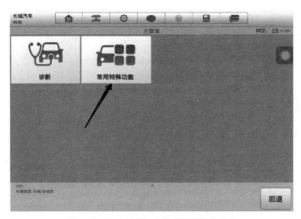

图 4-1-25 选择"常用特殊功能"

③ 选择"机油归零"(图 4-1-26)。

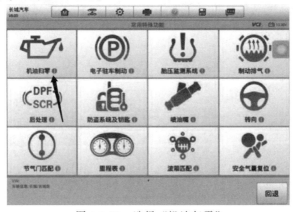

图 4-1-26 选择"机油归零"

④ 选择"大陆仪表（3.5）"（图 4-1-27）。

图 4-1-27 选择"大陆仪表（3.5）"

⑤ 选择"保养里程重置"，然后点击"确定"进入下一步（图 4-1-28）。

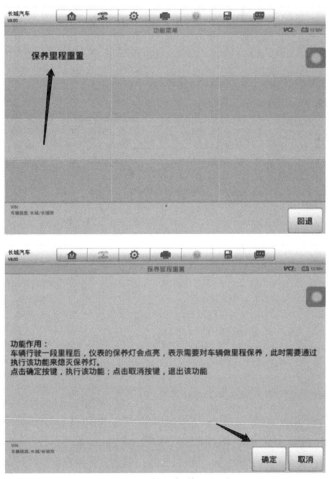

图 4-1-28 选择"保养里程重置"

⑥ 在输入框中输入保养里程值"8000",然后点击"确定"(里程值需要根据实际情况输入)(图 4-1-29)。

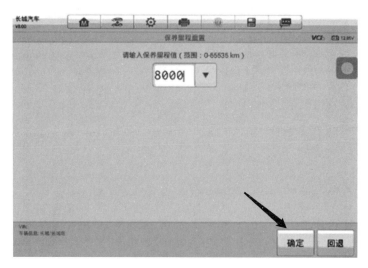

图 4-1-29　输入保养里程值

⑦ 设备提示"重置保养里程成功",车辆仪表保养提示灯熄灭,重置保养里程成功(图 4-1-30)。

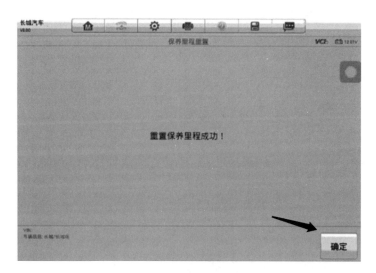

图 4-1-30　重置保养里程成功

5. 吉利车型

以道通 MS906TS 对 2019 年款吉利博越保养灯归零为例进行介绍。
① 连接诊断仪,进入"常用特殊功能",选择"机油归零"(图 4-1-31)。
② 选择"保养里程清零",将车辆钥匙打到 ON 挡位后点击"确定"(图 4-1-32)。
③ 根据客户需求,输入"5000"点击"确定",保养完成,设置完成(图 4-1-33)。

第四章　汽车保养灯归零

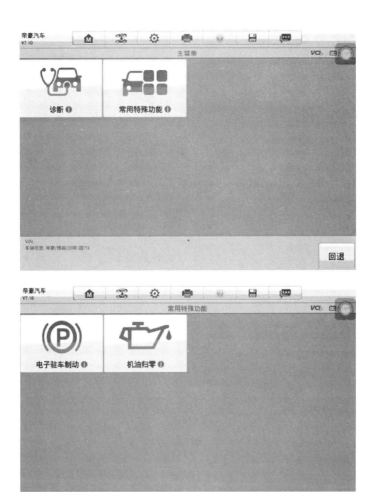

图 4-1-31　选择"机油归零"

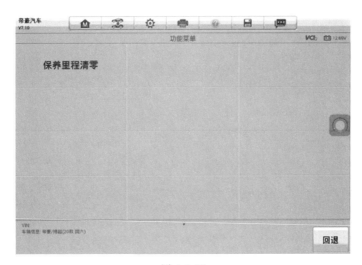

图 4-1-32

027

图 4-1-32　选择"保养里程清零"

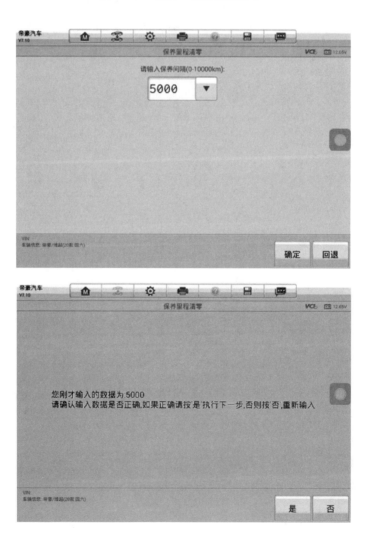

图 4-1-33　设置完成

6. 哈弗车型

以道通 MS906S 对 2019 年款哈弗 H6 保养灯归零为例进行介绍。

① 连接诊断仪，打开点火开关。选择正确的车型进入后，点击"常用特殊功能"（图 4-1-34）。

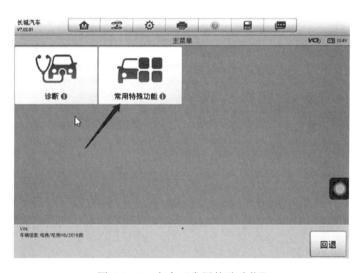

图 4-1-34　点击"常用特殊功能"

② 选择"机油归零"（图 4-1-35）。
③ 选择"重置保养里程"（图 4-1-36）。
④ 选择"保养里程重置（国六）"（图 4-1-37）。
⑤ 再次确认车型选择是否正确，若功能执行失败可选择 H6 2017 款进行测试（图 4-1-38）。

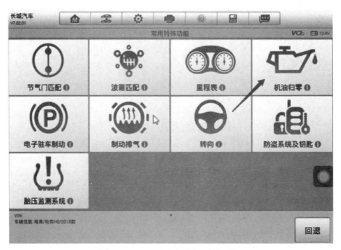

图 4-1-35 选择"机油归零"

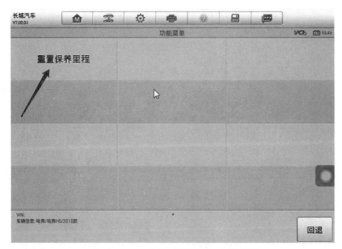

图 4-1-36 选择"重置保养里程"

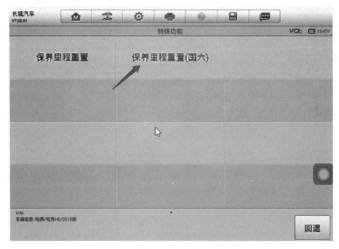

图 4-1-37 选择"保养里程重置(国六)"

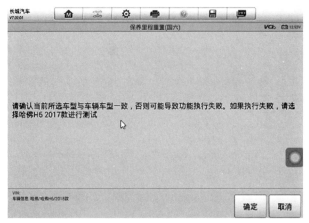

图 4-1-38　确认车型

⑥ 在方框中输入保养里程"5000",点击"确定"按钮(图 4-1-39)。

图 4-1-39　输入保养里程

⑦ 显示"重置保养里程成功",关闭点火开关,再次打开仪表显示正常,保养归零成功(图 4-1-40)。

图 4-1-40　设置完成

二、日本车系

以道通 MS906S 对 2016 年款三菱欧蓝德保养灯归零为例进行介绍。

① 连接诊断仪,选择"广汽三菱"后自动解析车型获取 VIN 码信息,核对无误后点击"确定"(图 4-2-1)。

图 4-2-1　核对车辆 VIN 码

② 进入"常用特殊功能",选择"机油归零"(图 4-2-2)。

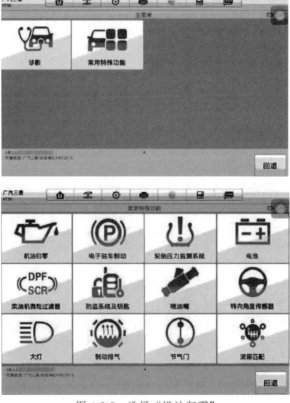

图 4-2-2　选择"机油归零"

③ 点击"维护提醒器"(图 4-2-3)。

图 4-2-3　点击"维护提醒器"

④ 选择"可选间隔时间表设置"(图 4-2-4)。

图 4-2-4　选择"可选间隔时间表设置"

⑤ 根据客户要求,选择保养里程以及保养间隔后,点击"确定"(图 4-2-5)。

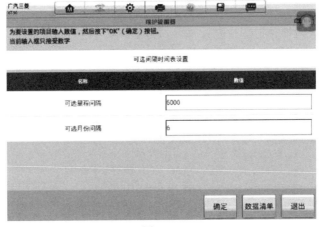

图 4-2-5

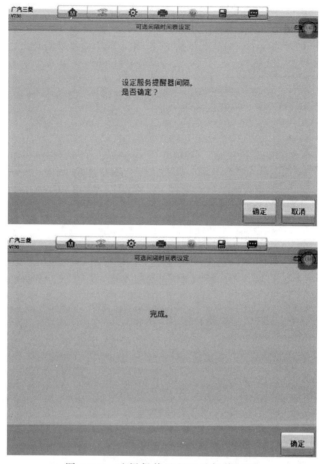

图 4-2-5 选择保养里程以及保养间隔

⑥ 功能执行完成后,仪表保养灯仍未熄灭,保养里程数不显示,在执行完设备操作后仍需在仪表上进行手工复位,手工复位方法如下。

a. 将点火开关转到"OFF"位置。
b. 可通过操作复位开关在里程表上显示警告周期。
c. 按下复位开关一次,持续时间大于等于 1.2s。
d. 保养提示灯闪烁。
e. 当保养提示灯闪烁时,按下开关一次,持续时间小于 1.2s。
f. 维护提示灯打开,里程表显示屏上会显示"CLEAR"(清除)3s。
g. 显示"CLEAR"(清除)3s 后,会显示下一次警告周期。

三、美国车系

1. 别克车型

以元征 X-431 对别克威朗保养灯归零为例进行介绍。
① 打开点火开关。

② 选择中国通用 V49.00 以上版本。
③ 手动选择。
④ 选择别克（Buick）。
⑤ 选择 2016。
⑥ 选择威朗。
⑦ 进入发动机控制模块。
⑧ 选择发动机识别符。
⑨ 选择 1.5L（L3G）。
⑩ 选择自动。
⑪ 选择"配置/复位功能"（图 4-3-1）。

图 4-3-1　选择"配置/复位功能"

⑫ 选择"复位功能"（图 4-3-2）。

图 4-3-2　选择"复位功能"

⑬ 选择"发动机油寿命复位"（图 4-3-3）。
⑭ 显示当前发动机油寿命剩余值 25.29%（图 4-3-4）。
⑮ 点击写入项并输入数值 100（图 4-3-5）。
⑯ 返回再点击"发动机油寿命复位"，发动机油寿命剩余值由 25.29% 变成 99.22%，表示复位完成（图 4-3-6）。

图 4-3-3 选择"发动机油寿命复位"

图 4-3-4 输入复位值

图 4-3-5 输入数值 100

图 4-3-6　复位完成

2. 雪佛兰车型

以道通 MS908Pro 对雪佛兰科迈罗保养灯归零为例进行介绍。

① 连接车辆，选择正确的车型。确认车辆信息无误后，点击"是"进入诊断系统（图 4-3-7）。

图 4-3-7　选择车型

② 进入主菜单页面后，依次选择"常用特殊功能"→"机油归零"→"发动机油寿命复位"（图 4-3-8）。

③ 根据设备提示打开点火开关，对于一键启动车辆，需长按启动键 5~10s 以打开点火开关（图 4-3-9）。

④ 进入后点击"编辑"按钮（图 4-3-10）。

⑤ 把数值 0 改成 100，再点击"写入选项"，此时设备显示发动机机油寿命剩余 100%（图 4-3-11）。

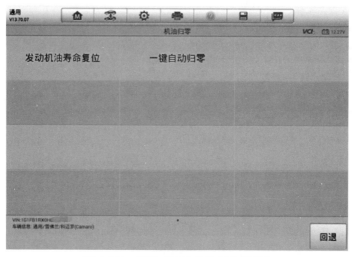

图 4-3-8　选择"发动机油寿命复位"

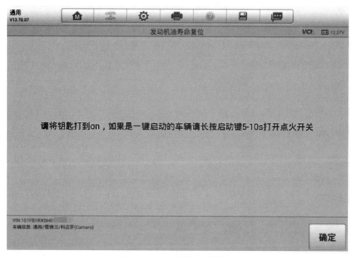

图 4-3-9　按提示操作

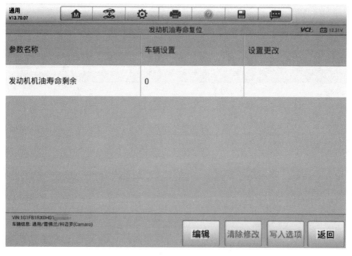

图 4-3-10　进入后点击"编辑"按钮

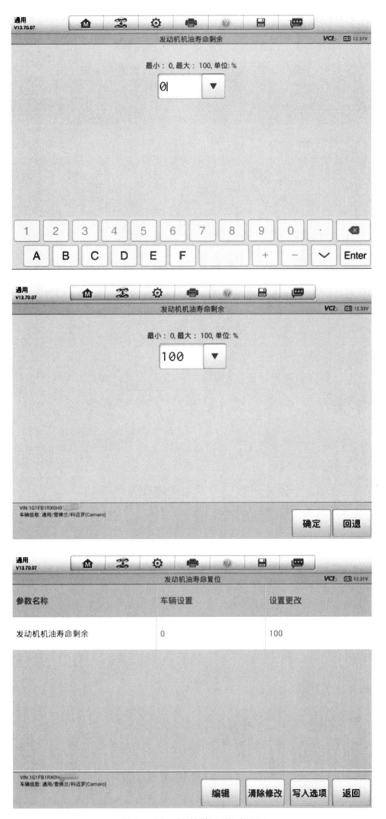

图 4-3-11　把数值 0 改成 100

⑥ 关闭点火开关，然后重新打开点火开关，待系统自检完成后，仪表显示发动机机油寿命剩余 100%（图 4-3-12）。

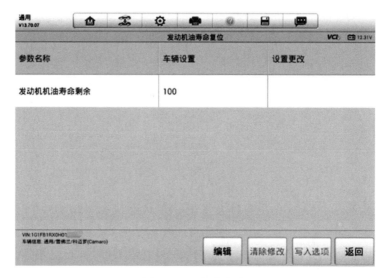

图 4-3-12　复位完成

四、欧洲车系

1. 大众车型

以道通 MS908 对 2015 年迈腾保养灯归零为例进行介绍。

① 使用道通设备连接车辆，确认车型信息，点击"是"，进入"控制单元"（图 4-4-1）。

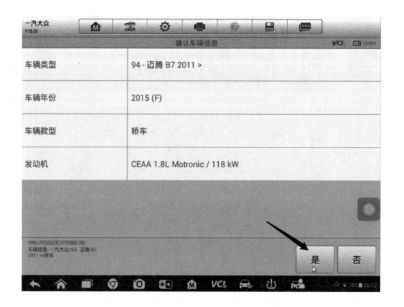

图 4-4-1　确认车型

② 选择"17-仪表板"(图 4-4-2)。

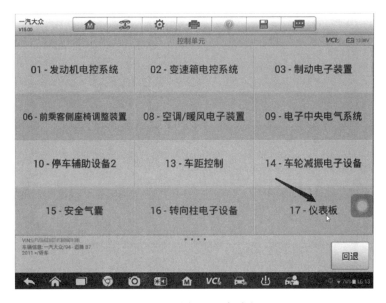

图 4-4-2　选择"17-仪表板"

③ 选择"匹配"功能,选择"WIV:保养周期延长设码"(图 4-4-3)。
④ 点击"ESI 或 SID 的选择",选择"保养周期显示(SID)",并点击"确定"(图 4-4-4)。
⑤ 退出重新进"常用特殊功能",选择"机油归零"(图 4-4-5)。
⑥ 选择"个性化保养设置(专家模式)"(图 4-4-6)。
⑦ 重新设置大保养和小保养的保养里程及周期,设置好后,点击"回退",关闭发动机,等待几秒后重新启动,仪表保养提示正常,重置完成(图 4-4-7)。

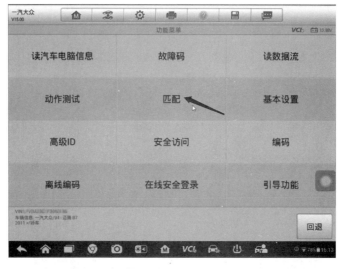

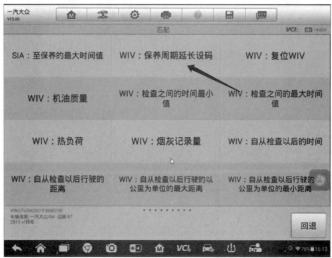

图 4-4-3 选择"匹配"功能

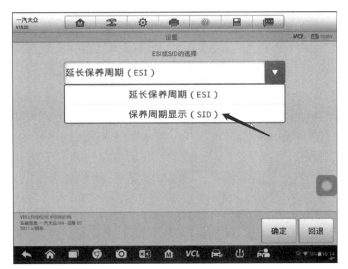

图 4-4-4　选择"保养周期显示（SID）"

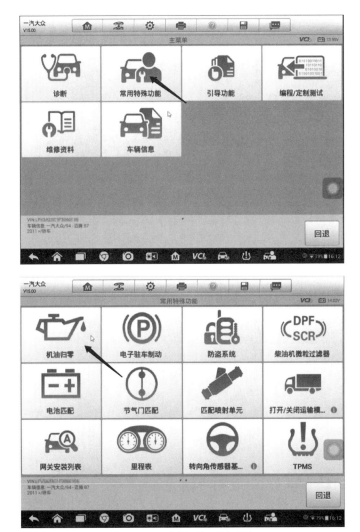

图 4-4-5　选择"机油归零"

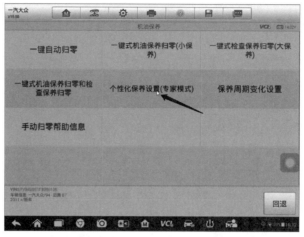

图 4-4-6 选择"个性化保养设置(专家模式)"

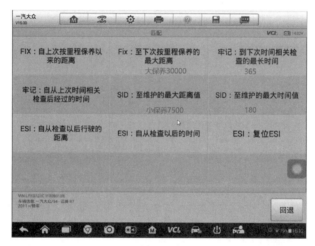

图 4-4-7 重置完成

2. 奔驰车型

以道通 MS908 对奔驰 C200 "B 保养归零"为例进行介绍。

① 连接好道通 MS908,选择好车型进入"常用特殊功能"(图 4-4-8)。

图 4-4-8 选择"常用特殊功能"

② 选择"机油归零"后进入"仪表盘"(图 4-4-9)。

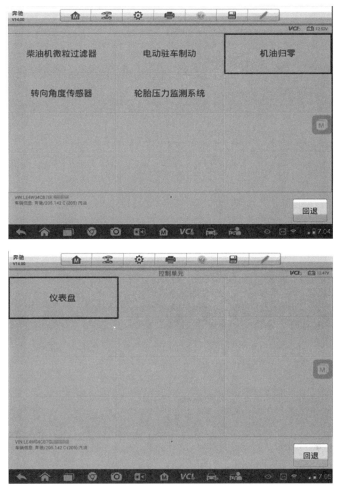

图 4-4-9　进入"仪表盘"

③ 选择"保养"选项(图 4-4-10)。

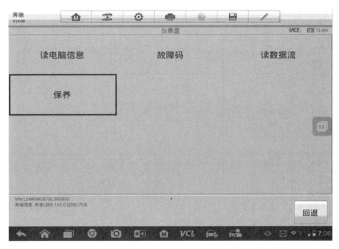

图 4-4-10　选择"保养"选项

④ 选择"复位功能'环形存储器'"（图 4-4-11）。

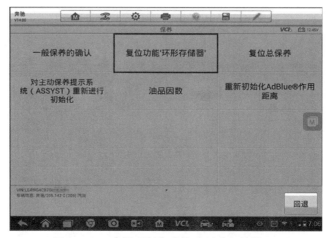

图 4-4-11　选择"复位功能'环形存储器'"

⑤ 确认好条件后点击"继续"（图 4-4-12）。

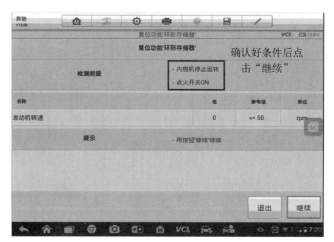

图 4-4-12　确认好条件后点击"继续"

⑥ 继续按提示操作（图 4-4-13）。

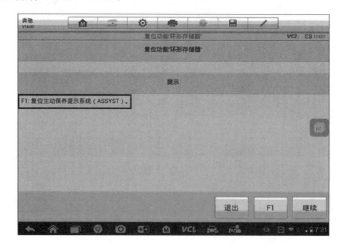

图 4-4-13　继续按提示操作

⑦ 继续执行"对主动保养提示系统（ASSYST）重新进行初始化"（图 4-4-14）。

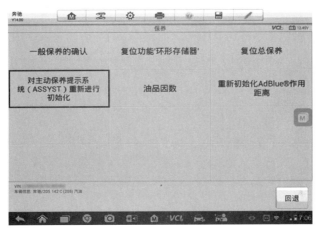

图 4-4-14　继续执行初始化

⑧ 按照界面中提示将"总行驶里程"和"上次保养服务时总行驶里程"输入仪表总行驶里程。将"当前日期"和"上次保养的日期"输入成当前日期；确定后点击"继续"（图 4-4-15）。

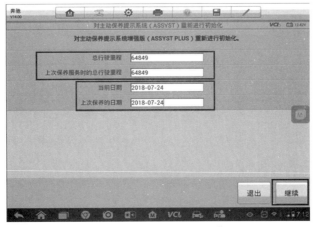

图 4-4-15　输入里程和日期

⑨ 确认好保养信息无误后点击"继续"。

图 4-4-16 确认保养信息无误

⑩ 仔细阅读页面提示完成操作（图 4-4-17）。

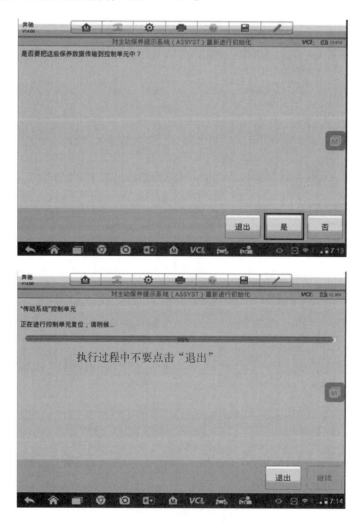

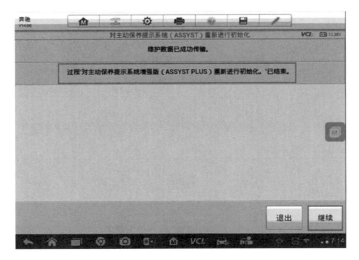

图 4-4-17　仔细阅读页面提示

⑪ 功能执行完成后点击"回退"完成操作（图 4-4-18）。

图 4-4-18　完成操作

⑫ 两个功能执行成功后，此时车辆仪表中的"保养 B 过了 45300km"提示已消除（注意：如果车辆在执行完保养功能后出现异常而且又无法读取到故障码，不要急于使用其他功能，先执行全车清码功能即可）。

3. 宝马车型

以元征 X-431 PAD Ⅲ 对 2011 年款宝马 X6 保养归零为例进行介绍。
① 进入软件初始界面，点击"特殊功能"（图 4-4-19）。
② 选择"保养灯归零"（图 4-4-20）。
③ 进入保养灯归零界面，点击"确定"（图 4-4-21）。

图 4-4-19 点击"特殊功能"

图 4-4-20 选择"保养灯归零"

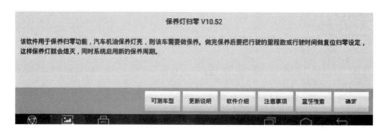

图 4-4-21 进入保养灯归零界面

④ 选择对应车型"宝马"(图 4-4-22)。

图 4-4-22　选择对应车型"宝马"

⑤ 根据提示信息，打开点火开关，点击"确定"(图 4-4-23)。

图 4-4-23　打开点火开关

⑥ 点击"维护复位"，若要手动调整保养里程、保养年限，则点击"维修修正"(图 4-4-24)。

图 4-4-24　点击"维护复位"

⑦ 进入维护复位界面,点击"软件归零"(图4-4-25)。

图 4-4-25 点击"软件归零"

⑧ 进入软件归零界面,点击"自动扫描"(图4-4-26)。

图 4-4-26 点击"自动扫描"

⑨ 进入自动扫描界面,选择"机油复位"(图4-4-27)。

图 4-4-27 选择"机油复位"

⑩ 自动读取车型信息，点击"确定"（图 4-4-28）。

图 4-4-28　自动读取车型信息

⑪ 显示当前保养信息，点击"是"（图 4-4-29）。

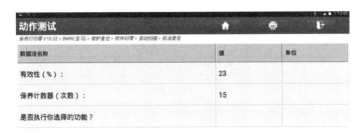

图 4-4-29　显示当前保养信息

⑫ 归零成功，点击"确定"，结束学习（图 4-4-30）。

图 4-4-30　归零成功

4. 奥迪车型

以元征 X-431 PAD Ⅲ 对 2016 年款奥迪 Q3 保养归零为例进行介绍。

① 连接诊断仪，选择"传统诊断"，选择"奥迪"车系（图 4-4-31）。

图 4-4-31　选择"奥迪"车系

② 点击"确定"进入系统（图 4-4-32）。

图 4-4-32　点击"确定"进入系统

③ 选择"特殊功能"（图 4-4-33）。

图 4-4-33　选择"特殊功能"

④ 选择"保养归零"(图 4-4-34)。

图 4-4-34　选择"保养归零"

⑤ 由于只更换了机油和机油滤芯，所以选择"机油归零（小保养）"(图 4-4-35)。

图 4-4-35　选择"机油归零（小保养）"

⑥ 保养里程数为 5000km，选择"5000 公里/180 天（带 T）"(图 4-4-36)。

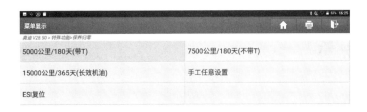

图 4-4-36　保养里程数为 5000km

⑦ 提示归零成功（图 4-4-37）。

图 4-4-37　归零成功

⑧ 车辆中控屏显示车辆保养信息，保养归零结束（图 4-4-38）。

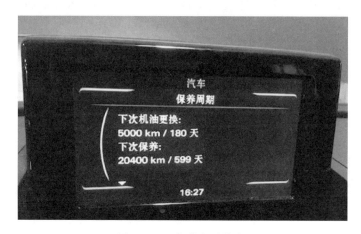

图 4-4-38　保养归零结束

五、韩国车系

1. 现代车型

以元征 X-431 PAD Ⅲ 对 2014 年款北京现代名图保养归零为例进行介绍。
① 进入"IC（仪表）"系统（图 4-5-1）。
② 选择"特殊功能"菜单（图 4-5-2）。
③ 选择"保养提示设定"（图 4-5-3）。
④ 点击"确定"更改显示值（图 4-5-4）。
⑤ 选择"维修车间"（图 4-5-5）。

图 4-5-1　进入"IC（仪表）"系统

图 4-5-2　选择"特殊功能"菜单

图 4-5-3　选择"保养提示设定"

图 4-5-4 点击"确定"更改显示值

图 4-5-5 选择"维修车间"

⑥ 点击"确认"(图 4-5-6)。

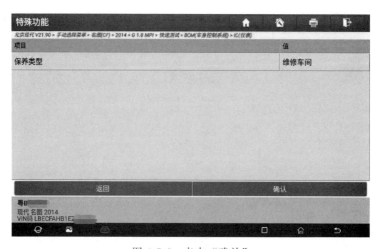

图 4-5-6 点击"确认"

⑦ 保存完成并点击"确定"(图 4-5-7)。

图 4-5-7　保存完成并点击"确定"

⑧ 输入行驶里程,例如输"6000"(图 4-5-8)。

图 4-5-8　输入行驶里程

⑨ 输入时间,例如输"12"(图 4-5-9)。

图 4-5-9　输入时间

⑩ 保存完成，点击"确定"（图 4-5-10）。

图 4-5-10　保存完成

2. 起亚车型

以道通 MS906S 对 2015 年款现代名图保养归零为例进行介绍。

① 连接诊断仪，通过 VIN 码自动识别功能快速进入车型选项，确认车辆信息无误后，点击"是"（图 4-5-11）。

注意：部分老款现代起亚车型无法通过 VIN 码快速进入车型，手动进入即可。

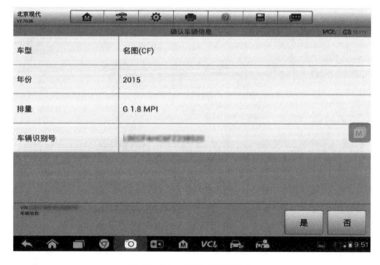

图 4-5-11　确认车型信息

② 进入"主菜单"选择"常用特殊功能"（图 4-5-12）。
③ 选择"机油归零"（图 4-5-13）
④ 选择"保养提示设定"（图 4-5-14）。
⑤ 点击"初始化"（图 4-5-15）。

第四章 汽车保养灯归零

图 4-5-12 选择"常用特殊功能"

图 4-5-13 选择"机油归零"

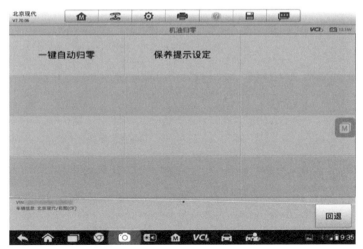

图 4-5-14 选择"保养提示设定"

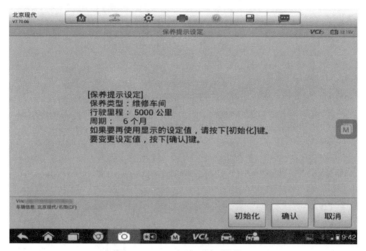

图 4-5-15　点击"初始化"

⑥ 完成保养复位,仪表保养提示消失(图 4-5-16)。

图 4-5-16　完成保养复位

第五章
汽车基本匹配方法

一、节气门匹配

1. 丰田车型

以道通 MS906 Pro 对 2015 年款丰田普拉多节气门匹配为例进行介绍。

① 连接诊断仪，选择对应的车型，确认车型信息后，点击"确定"（图 5-1-1）。

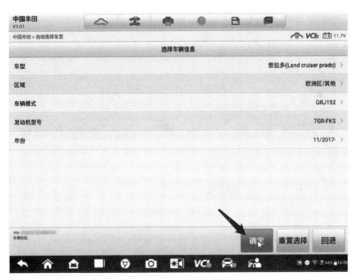

图 5-1-1　确认车型信息

② 选择"常用特殊功能"（图 5-1-2）。
③ 选择"节气门匹配"（图 5-1-3）。
④ 选择"学习值重置"，并点击"确定"（图 5-1-4）。
⑤ 选择"下一步"，设备提示"学习值重置完成"，试车后车辆怠速已恢复正常，问题解决（图 5-1-5）。

图 5-1-2　选择"常用特殊功能"

图 5-1-3　选择"节气门匹配"

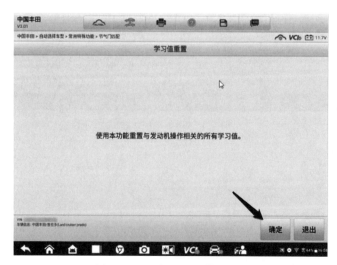

图 5-1-4　选择"学习值重置"

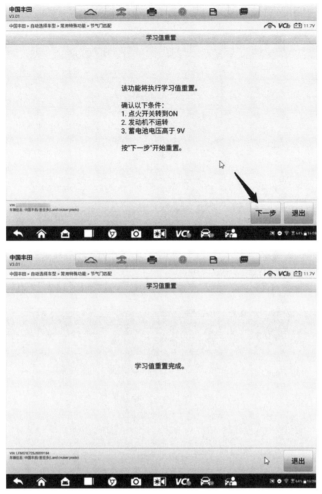

图 5-1-5 设置完成

2. 福特车型

以元征 X-431 PAD Ⅲ 对 2011 年款福特福克斯节气门匹配为例进行介绍。

① 选择进入"PCM(动力控制模块)"(图 5-1-6)。

图 5-1-6 选择进入"PCM(动力控制模块)"

② 选择"特殊功能"(图 5-1-7)。

图 5-1-7　选择"特殊功能"

③ 选择"KAM(保活存储器)复位(节气门匹配)-PCM(动力控制模块)"(图 5-1-8)。

图 5-1-8　选择节气门匹配

④ 复位 KAM 将会清除 PCM(动力控制模块)已经存储在自适应系统中的自适应值,例如怠速和燃油,点击"是"继续(图 5-1-9)。

图 5-1-9　点击"是"继续

⑤ 将点火开关设在开位，点击"确定"（图 5-1-10）。

图 5-1-10　将点火开关设在开位

⑥ 测试完成（图 5-1-11）。

图 5-1-11　测试完成

⑦ 设置点火开关至 OFF（关闭）（位置 0）（图 5-1-12）。

图 5-1-12　设置点火开关至 OFF（关闭）（位置 0）

二、防盗钥匙匹配

1. 日产车型

以元征 X-431 PAD Ⅲ 对日产天籁防盗钥匙匹配为例进行介绍。

① 依次选择 16PIN→手动选择（车辆名称）→远东→中国→日产天籁（TEANA）→L33→2015.03 以后（图 5-2-1）。

图 5-2-1 选择车型

② 选择"NATS（汽车防盗系统）"（图 5-2-2）。

图 5-2-2 选择"NATS（汽车防盗系统）"

③ 选择"执行钥匙注册时"（图 5-2-3）。
④ 选择"注册钥匙"（图 5-2-4）。
⑤ 点击"确定"注销钥匙（图 5-2-5）。

注意：选择确定后，所有钥匙都被注销，不能使用，必须成功执行防盗功能才能使用钥匙。

图 5-2-3　选择"执行钥匙注册时"

图 5-2-4　选择"注册钥匙"

图 5-2-5　点击"确定"注销钥匙

⑥ 在注销钥匙操作之前，将车辆设为以下检查状态，然后按"确定"（图 5-2-6）。

图 5-2-6　检查车辆状态

⑦ 按提示操作（图 5-2-7）。

图 5-2-7　按提示操作

⑧ 获取防盗密码（图 5-2-8）。

图 5-2-8　获取防盗密码

⑨ 选择"联网获取20位防盗密码",点击"确定"(图5-2-9)。

图5-2-9 选择"联网获取20位防盗密码"

⑩ 选择"手动输入20位防盗密码",点击"确定"(图5-2-10)。

图5-2-10 选择"手动输入20位防盗密码"

⑪ 选择"确定"并继续(图5-2-11)。

图5-2-11 选择"确定"并继续

⑫ 输入正确的 20 位 PIN 码（图 5-2-12）。

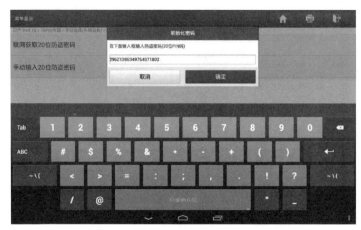

图 5-2-12　输入正确的 20 位 PIN 码

⑬ 选择"确定"（图 5-2-13）。

图 5-2-13　选择"确定"

⑭ 按照提示信息进行操作（图 5-2-14）。

图 5-2-14　按照提示信息进行操作

⑮ 注册钥匙（图 5-2-15）。

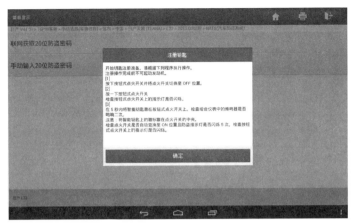

图 5-2-15　注册钥匙

⑯ 显示已经注册的钥匙数量（选择"新增"继续配钥匙，回到第⑮步操作；选择"下一页"，到第⑰步）（图 5-2-16）。

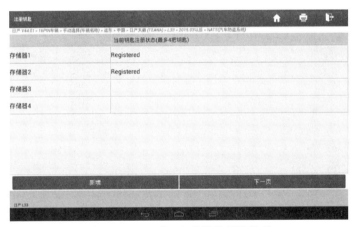

图 5-2-16　显示已经注册的钥匙数量

⑰ 完成注册钥匙（图 5-2-17）。

图 5-2-17　完成注册钥匙

2. 雪铁龙车型

以道通 MS908 对 2010 年款雪铁龙世嘉防盗钥匙匹配为例进行介绍。

① 连接诊断仪，使用 VIN 自动扫描功能进入"车型"，选择"诊断"和"控制单元"（图 5-2-18）。

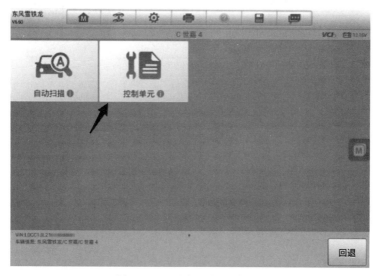

图 5-2-18　选择"控制单元"

② 选择"BSI"（图 5-2-19）。

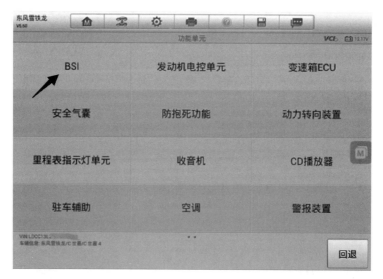

图 5-2-19　选择"BSI"

③ 选择"维护-BSI 运行模式"（图 5-2-20）。

④ 选择"钥匙程序设计"（图 5-2-21）。

⑤ 点击"开始"，输入密码（密码需自行付费获取）（图 5-2-22）。

第五章 汽车基本匹配方法

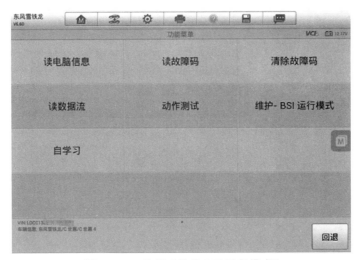

图 5-2-20 选择"维护-BSI 运行模式"

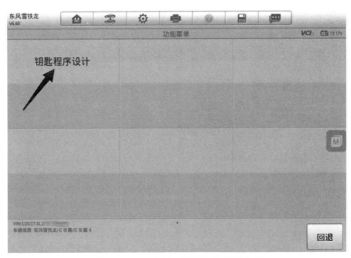

图 5-2-21 选择"钥匙程序设计"

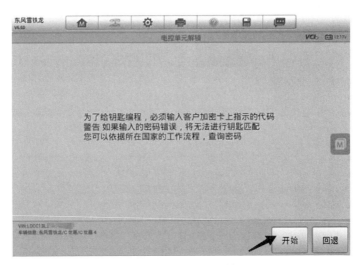

图 5-2-22 点击"开始"

⑥ 输入四位安全密码，点击"确定"（图 5-2-23）。

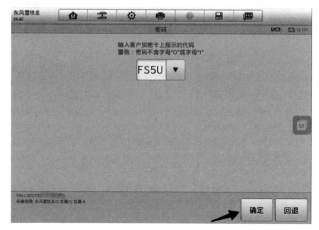

图 5-2-23　输入四位安全密码

⑦ 再次确认输入的密码是否正确（图 5-2-24）。

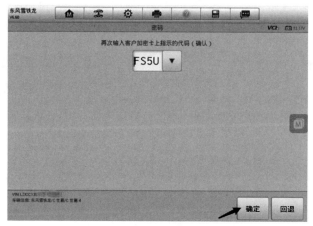

图 5-2-24　再次确认输入的密码是否正确

⑧ 显示密码正确，点击"下一步"开始钥匙匹配（图 5-2-25）。

图 5-2-25　点击"下一步"开始钥匙匹配

⑨ 需要匹配两把钥匙，输入"2"，点击"确定"（图 5-2-26）。

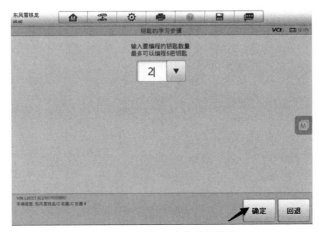

图 5-2-26　需要匹配两把钥匙

⑩ 按照页面提示打开点火开关（图 5-2-27）。

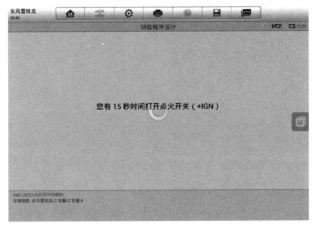

图 5-2-27　按照页面提示打开点火开关

⑪ 显示钥匙已编程，点击"下一步"，开始匹配下一把钥匙（图 5-2-28）。

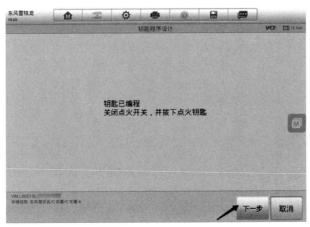

图 5-2-28　钥匙已编程

⑫ 按照页面提示插入下一把钥匙，点击"确定"（图 5-2-29）。

图 5-2-29　在点火开关中插入下一把钥匙

⑬ 显示要编程的钥匙数量和钥匙编程数量相等，点击"确定"（图 5-2-30）。

图 5-2-30　要编程钥匙数量与钥匙编程数量相等

⑭ 钥匙匹配成功（图 5-2-31），按照页面提示同步遥控信息，操作完成后车辆正常。

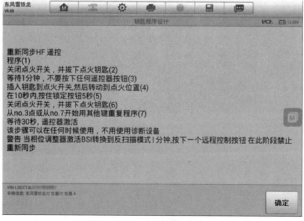

图 5-2-31　钥匙匹配成功

三、安全气囊匹配

1. 大众车型

以元征 X-431 对大众捷达安全气囊匹配为例进行介绍。

① 选择"一汽大众"。

② 选择"普通模式"。

③ 选择"系统选择"（图 5-3-1）。

图 5-3-1　选择"系统选择"

④ 选择"15 安全气囊"（图 5-3-2）。

图 5-3-2　选择"15 安全气囊"

⑤ 显示安全气囊 ECU 型号信息（图 5-3-3）。

⑥ 读取故障码（图 5-3-4）。

⑦ 选择"10 通道调整匹配"（图 5-3-5）。

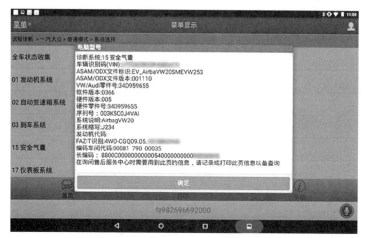

图 5-3-3　显示安全气囊 ECU 型号信息

图 5-3-4　读取故障码

图 5-3-5　选择"10 通道调整匹配"

⑧ 选择"安全气囊匹配"(图 5-3-6)。

图 5-3-6　选择"安全气囊匹配"

⑨ 显示"安全气囊匹配",当前值"＄0500"(图 5-3-7)。

图 5-3-7　显示"安全气囊匹配"

⑩ 点击"存储",显示安全气囊匹配的当前值"成功"(图 5-3-8)。

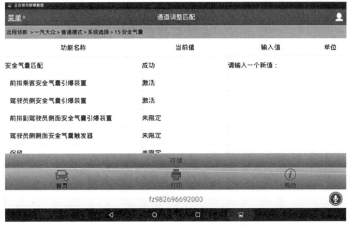

图 5-3-8　显示安全气囊匹配的当前值"成功"

2. 现代车型

以道通 MS908S 对 2016 年款起亚 K3 安全气囊匹配为例进行介绍。

① 连接车辆，进入"安全气囊"控制单元，选择"读电脑信息"（图 5-3-9）。

图 5-3-9　选择"读电脑信息"

② 读取到的下线码为"10C0"（图 5-3-10）。

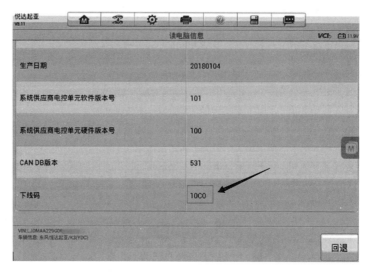

图 5-3-10　读取到的下线码为"10C0"

③ 更换全新的气囊模块后，进入"特殊功能"，选择"CLU 可变编码"（图 5-3-11）。

④ 查看设备提示，满足条件后点击"确认"进入编码输入界面，输入从原车模块读取到的下线码"10C0"（图 5-3-12）。

⑤ 输入后点击"确定"（图 5-3-13）。

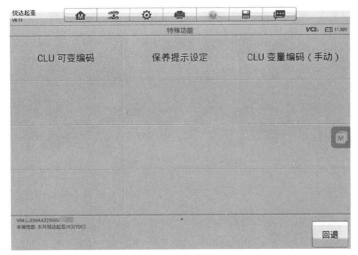

图 5-3-11　选择"CLU 可变编码"

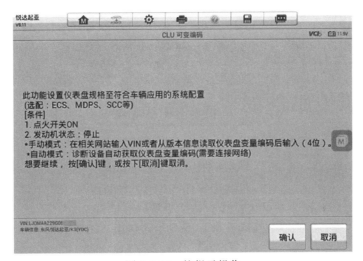

图 5-3-12　按提示操作

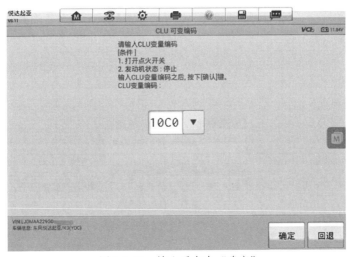

图 5-3-13　输入后点击"确定"

⑥ 写入成功后，执行清除故障码功能，清除成功后读取故障码，显示"未侦测到故障码"。仪表气囊故障指示灯熄灭，问题解决（图 5-3-14）。

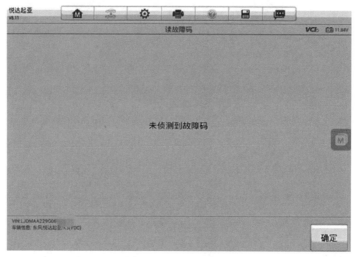

图 5-3-14　匹配完成

四、发动机电脑匹配

1. 日产车型

以元征 X-431 PAD Ⅲ对 2013 年款郑州日产帅客发动机电脑匹配为例进行介绍。

① 选择郑州日产→帅客→系统选择→防盗系统→1.6 升/2.0 升防盗→读故障码→读发动机 ECU 故障码：P1612，含义为电子控制模块编码错误（图 5-4-1）。

图 5-4-1　读取故障码

② 选择郑州日产→帅客→系统选择→防盗系统→1.6 升/2.0 升防盗→售后功能→更换发动机 ECU（图 5-4-2）。

图 5-4-2　更换发动机 ECU

③ 点击"是",执行该功能条件时需要按照提示插入钥匙,并将点火开关打到 ON 位置（图 5-4-3）。

图 5-4-3　点击"是"

④ 点击"确定",将检测钥匙打到 ON 后弹出输入 17 位 VIN 码的提示框,将该车发动机 VIN 码输入（图 5-4-4）。

图 5-4-4　输入 VIN 码

⑤ 点击"确定",弹出确认 VIN 码的提示框,确认 VIN 码无误后点击"是",开始将 VIN 码写入新的发动机 ECU 中(图 5-4-5)。

图 5-4-5　将 VIN 码写入新的发动机 ECU 中

⑥ VIN 码写入成功,弹出成功的提示框(图 5-4-6)。

图 5-4-6　弹出成功的提示框

⑦ 点击"确定",进入安全校验界面,输入 8 位 PIN 码(图 5-4-7)。

图 5-4-7　输入 8 位 PIN 码

⑧ 输入正确的 PIN 码后点击"确定",将会执行发动机与防盗主机关联,关联成功后弹出已经关联的提示(图 5-4-8)。

图 5-4-8 弹出已经关联的提示

⑨ 点击"确定",弹出更换发动机 ECU 成功的提示,此时按照提示,退出诊断功能(图 5-4-9)。

图 5-4-9 更换发动机 ECU 成功的提示

⑩ 退出诊断后关闭发动机,匹配完成。特殊情况下个别车型可能需要原地等待 20min 后才能体现匹配完成。

2. 东风车型

以道通诊断仪对 2016 年款东风风光 580 发动机电脑匹配为例进行介绍。
① 将道通诊断仪与车辆链接,选择"防盗系统及钥匙"(图 5-4-10)。
② 进入"发动机系统(ECM)"(图 5-4-11)。
③ 选择"发动机类型"(图 5-4-12)。
④ 选择"匹配发动机 ECU"(图 5-4-13)。

图 5-4-10 选择"防盗系统及钥匙"

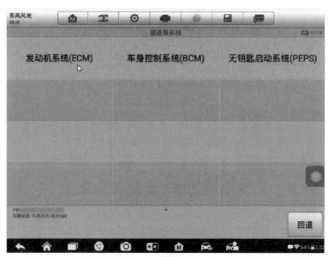

图 5-4-11 进入"发动机系统(ECM)"

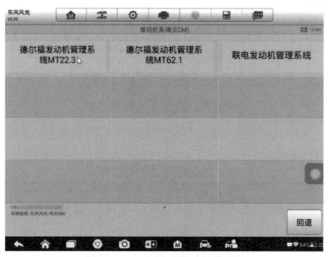

图 5-4-12 选择"发动机类型"

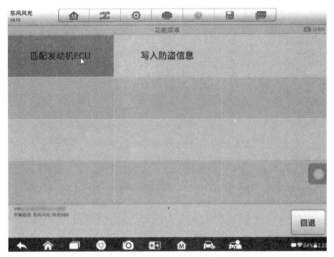

图 5-4-13 选择"匹配发动机 ECU"

⑤ 将 8 位数字 ID 计算密钥发给售后,切记不要退出当前界面,若退出则需要重新计算,将得到的密钥写入,进行下一步(图 5-4-14)。

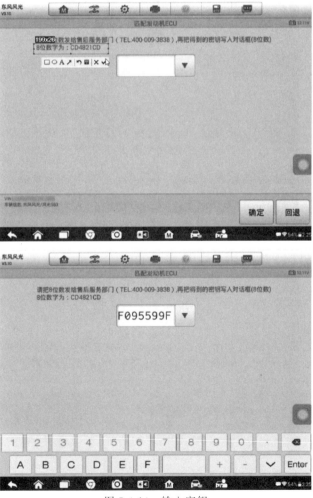

图 5-4-14 输入密钥

⑥ 确认车架号是否一致（图 5-4-15）。

图 5-4-15　确认车架号是否一致

⑦ 重置发动机 SK（图 5-4-16）。

图 5-4-16　重置发动机 SK

⑧ 完成 ECU 初始化，确认能否启动车辆（图 5-4-17）。

图 5-4-17　完成 ECU 初始化

⑨ 清除故障码，功能完成（图 5-4-18）。

图 5-4-18　清除故障码

五、喷油嘴匹配

以元征 X-431 PAD Ⅲ 对 2011 年款宝马 740Li 喷油嘴匹配为例进行介绍。
① 点击"ECM（发动机控制模块-DME/DDE）"进入系统（图 5-5-1）。

图 5-5-1　点击"ECM（发动机控制模块-DME/DDE）"进入系统

② 选择"特殊功能"（图 5-5-2）。
③ 选择"喷油率调整"（图 5-5-3）。
④ 点击"［2］执行喷射器量补偿"（图 5-5-4）。
⑤ 阅读信息提示，点击"确定"（图 5-5-5）。
⑥ 当前存储的匹配值如图 5-5-6 所示。
⑦ 点击"［1］输入气缸 1 新的标定值"（图 5-5-7）。

图 5-5-2　选择"特殊功能"

图 5-5-3　选择"喷油率调整"

图 5-5-4　点击"[2] 执行喷射器量补偿"

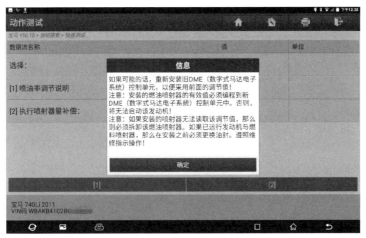

图 5-5-5　阅读信息提示

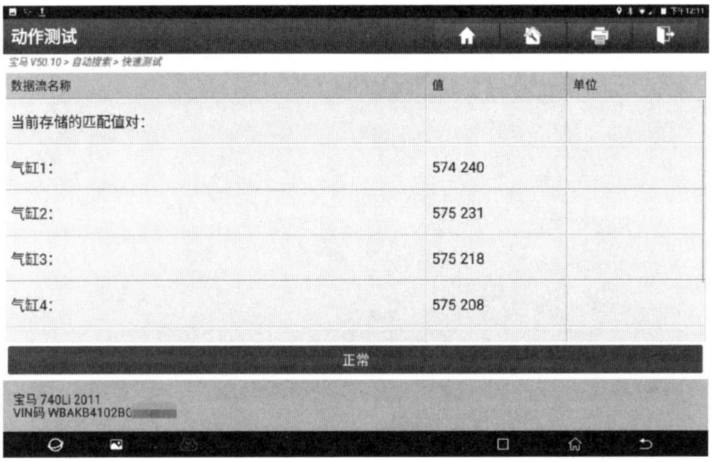

图 5-5-6　当前存储的匹配值

图 5-5-7　点击"［1］输入气缸 1 新的标定值"

⑧ 输入新的值（图 5-5-8）。

图 5-5-8　输入新的值

⑨ 点击"[2] 输入气缸 2 新的标定值"（图 5-5-9）。

图 5-5-9　点击"[2] 输入气缸 2 新的标定值"

⑩ 输入新的值（图 5-5-10）。

图 5-5-10　输入新的值

⑪ 点击"[7]保存标定值"（图 5-5-11）。

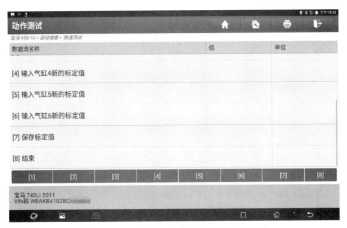

图 5-5-11　点击"[7]保存标定值"

⑫ 点击"是"，存储匹配值（图 5-5-12）。

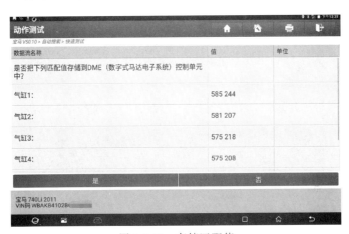

图 5-5-12　存储匹配值

⑬ 新值被永久保存，点击"确定"（图 5-5-13）。

图 5-5-13　新值被永久保存

⑭ 阅读提示信息,点击"确定"(图 5-5-14)。

图 5-5-14　阅读提示信息

⑮ 测试模式结束,点击"确定"(图 5-5-15)。

图 5-5-15　测试模式结束

以道通 MS908S 对宝马 X6 喷油器匹配为例进行介绍。

① 连接道通诊断仪,使用自动读取车辆 VIN 进入车型。

② 进入"维护",选择"驱动装置"(图 5-5-16)。

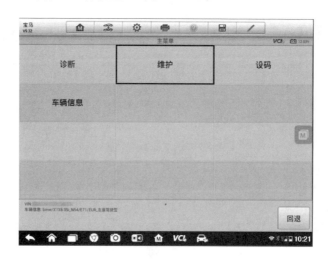

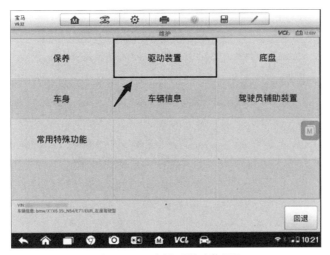

图 5-5-16　选择"驱动装置"

③ 进入"发动机电子装置 MSV",选择"匹配"(图 5-5-17)。

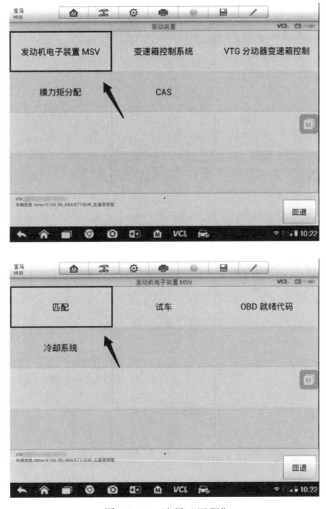

图 5-5-17　选择"匹配"

④ 选择"匹配喷射装置"(图 5-5-18)。

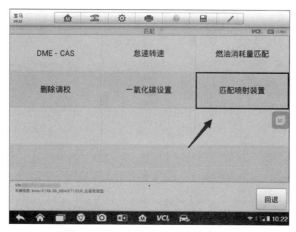

图 5-5-18　选择"匹配喷射装置"

⑤ 进入"喷油嘴油量匹配"(图 5-5-19)。

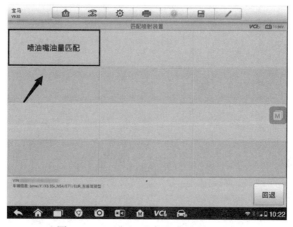

图 5-5-19　进入"喷油嘴油量匹配"

⑥ 该车未更换新的发动机电脑(DME),选择"否"继续下一步,可以看到当前存储的 6 个气缸喷油嘴的匹配值(图 5-5-20)。

图 5-5-20　6 个气缸喷油嘴的匹配值

⑦ 执行"1 输入新匹配值"功能，按提示依次输入 6 个新的喷油嘴的匹配值，完成后点击"确定"继续下一步（图 5-5-21）。

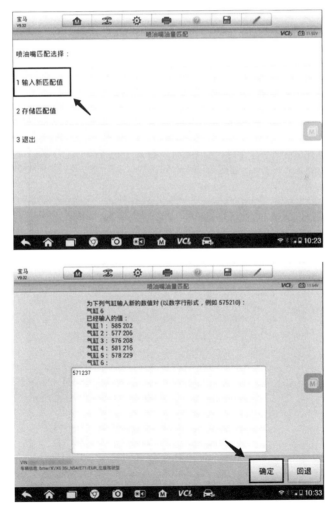

图 5-5-21　执行"1 输入新匹配值"功能

⑧ 输入完成后再次确定每个气缸喷油嘴的匹配值是否正确，确认输入无误后点击"否"继续下一步（图 5-5-22）。

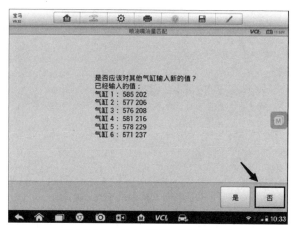

图 5-5-22　点击"否"继续下一步

⑨ 点击"是"，将六个气缸喷油嘴的匹配值存储到 DME 控制单元中后，关闭点火开关，继续下一步（图 5-5-23）。

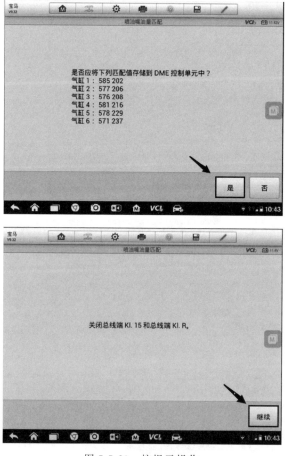

图 5-5-23　按提示操作

⑩ 新的喷油嘴的匹配值已储存，接通点火开关点，点击"继续"完成（图 5-5-24）。

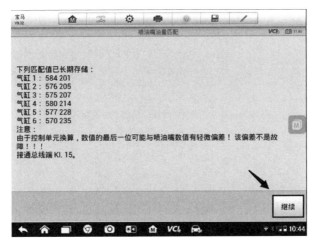

图 5-5-24　新的喷油嘴的匹配值已储存

六、蓄电池匹配

以元征 X-431 PAD Ⅲ 对路虎揽胜蓄电池匹配为例进行介绍。
① 连接诊断仪，选择车型。
② 选择"特殊功能"（图 5-6-1）。

图 5-6-1　选择"特殊功能"

③ 选择"蓄电池"（图 5-6-2）。
④ 点击"蓄电池-蓄电池更换"，再点击"确定"（图 5-6-3）。
⑤ 点击"主蓄电池（蓄电池监控系统 1）"（图 5-6-4）。
⑥ 将点火开关打开（位置 2），点击"确定"（图 5-6-5）。
⑦ 电瓶更换，点击"确定"（图 5-6-6）。
⑧ 关闭点火开关（位置 0），点击"确定"（图 5-6-7）。

图 5-6-2 选择"蓄电池"

图 5-6-3 点击"蓄电池-蓄电池更换"

图 5-6-4 点击"主蓄电池(蓄电池监控系统 1)"

图 5-6-5　将点火开关打开（位置 2）

图 5-6-6　电瓶更换

图 5-6-7　关闭点火开关（位置 0）

⑨ 控制模块程序成功完成，点击"确定"（图 5-6-8）。

图 5-6-8　控制模块程序成功完成

⑩ 将点火开关打开（位置 2），点击"确定"（参见图 5-6-5）。
⑪ 关闭点火开关（位置 0），点击"确定"（参见图 5-6-7）。
⑫ 清除故障码，点击"是"（图 5-6-9）。

图 5-6-9　清除故障码

⑬ 打开点火开关，点击"确定"（参见图 5-6-5）。
⑭ 关闭点火开关，点击"确定"（参见图 5-6-7）。
⑮ 完成，点击"确定"（图 5-6-10）。

以道通 MS908S 对宝马 5 系蓄电池匹配为例进行介绍。
① 连接道通诊断仪，选择正确车型。
② 进入"常用特殊功能"（图 5-6-11）。
③ 选择"电池"（图 5-6-12）。
④ 点击"记录更换电池"（图 5-6-13）。
⑤ 点击"记录更换电池"（图 5-6-14）。
⑥ 点击"记录蓄电池更换情况：更高/更低的容量"（按更换蓄电池的实际情况选择，此选项为更换了更高或更低容量的蓄电池）（图 5-6-15）。

图 5-6-10　完成

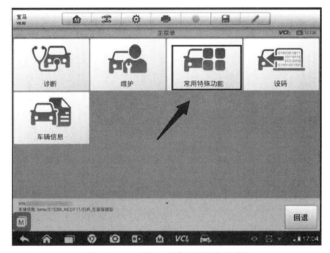

图 5-6-11　进入"常用特殊功能"

图 5-6-12　选择"电池"

图 5-6-13　点击"记录更换电池"（1）

图 5-6-14　点击"记录更换电池"（2）

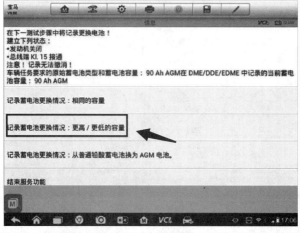

图 5-6-15　点击"记录蓄电池更换情况：更高/更低的容量"

⑦ 点击"继续"(图 5-6-16)。

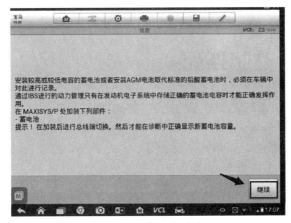

图 5-6-16　点击"继续"

⑧ 点击"否"(图 5-6-17)。
注意：根据更换的蓄电池是否为原厂的进行选择，这里更换的是非宝马原厂蓄电池。

图 5-6-17　点击"否"

⑨ 蓄电池更换已经成功记录(图 5-6-18)。

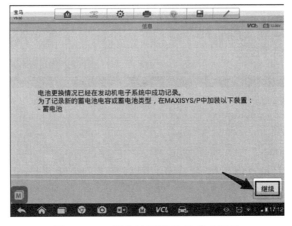

图 5-6-18　蓄电池更换已经成功记录

注意：为了记录新的蓄电池的电容或蓄电池类型，需进入编程功能里面的"加装/改装"功能，按提示执行加装功能。

七、电子手刹电脑匹配

以元征 X-431 对大众高尔夫电子手刹电脑匹配为例进行介绍。

① 读取 03 制动电子装置故障码为 C10E254，含义为电子机械式驻车制动器控制单元无基本设置，状态为主动/静态，故障码清除不了。

② 选择"04 系统基本调整"（图 5-7-1）。

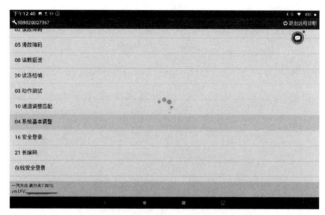

图 5-7-1　选择"04 系统基本调整"

③ 选择"电动-机械驻车制动器功能测试"（图 5-7-2）。

图 5-7-2　选择"电动-机械驻车制动器功能测试"

④ 点击"调整"（图 5-7-3）。

⑤ 基本设置状态：运行中（图 5-7-4）。

⑥ 读取 03 制动电子装置故障码为 C10E254，含义为电子机械式驻车制动器控制单元无基本设置，状态为被动/偶发。

⑦ 清除故障码已完成，重新读取故障码，故障已清除。

以道通 MS906S 对奔腾 X80 匹配电子驻车制动模块为例进行介绍。

图 5-7-3 点击"调整"

图 5-7-4 基本设置状态：运行中

① 选择"一汽轿车"。
② 选择"一汽奔腾"。
③ 选择"奔腾 X80"（图 5-7-5）。

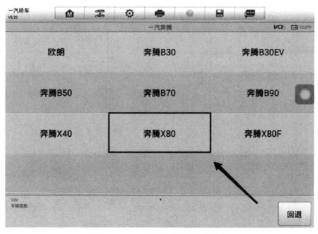

图 5-7-5 选择"奔腾 X80"

④ 按提示将点火开关打开后点击"确定"(图 5-7-6)。

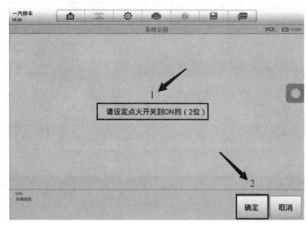

图 5-7-6　按提示将点火开关打开后点击"确定"

⑤ 选择"诊断"(图 5-7-7)。

图 5-7-7　选择"诊断"

⑥ 选择"控制单元"(图 5-7-8)。

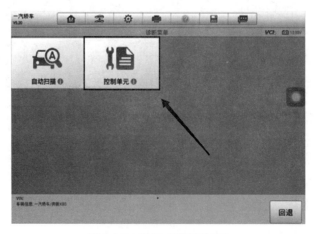

图 5-7-8　选择"控制单元"

⑦ 选择"电子驻车制动系统（EPB）"（图 5-7-9）。

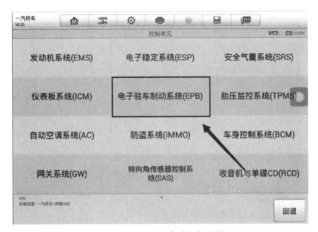

图 5-7-9　选择"电子驻车制动系统（EPB）"

⑧ 选择"特殊功能"（图 5-7-10）。

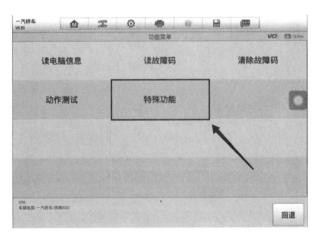

图 5-7-10　选择"特殊功能"

⑨ 选择"更换 ECU（新模块直接匹配）"（图 5-7-11）。

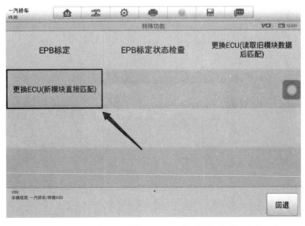

图 5-7-11　选择"更换 ECU（新模块直接匹配）"

⑩ VIN 码无误后点击"确定"(图 5-7-12)。

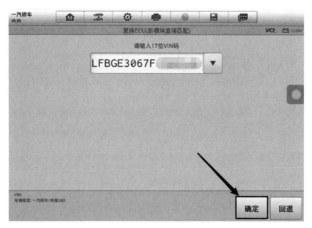

图 5-7-12　VIN 码无误后点击"确定"

⑪ 确认 VIN 码后点击"确定"(图 5-7-13)。

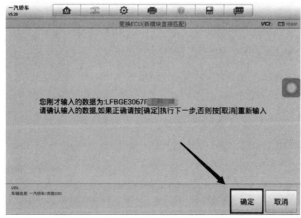

图 5-7-13　确认 VIN 码后点击"确定"

⑫ 点击"是",进行 EPB 标定功能,否则模块将不能正常工作(图 5-7-14)。

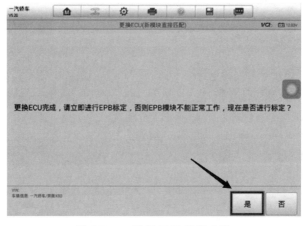

图 5-7-14　进行 EPB 标定功能

⑬ 确认相关信息后点击"确定"(图5-7-15)。

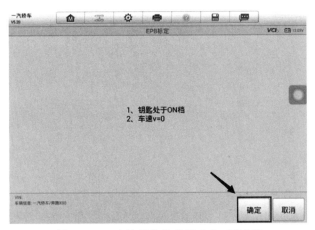

图 5-7-15　确认相关信息后点击"确定"

⑭ 按系统提示操作，着车并保持车速为零，深踩制动踏板三次，点击"确定"(图5-7-16)。

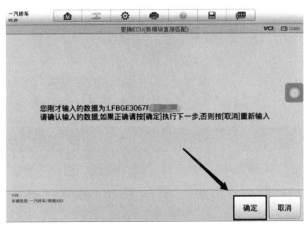

图 5-7-16　进行相关操作后点击"确定"

⑮ 接着按车辆实际情况选择变速箱，点击"是"(图5-7-17)。

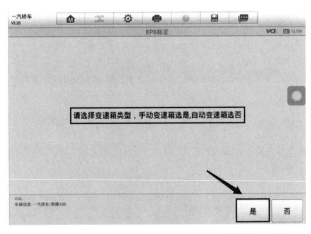

图 5-7-17　按车辆实际情况选择变速箱并点击"是"

⑯ 最后页面显示"标定完成",退出页面,清除故障码后系统恢复正常。EPB 模块标定完成(图 5-7-18)。

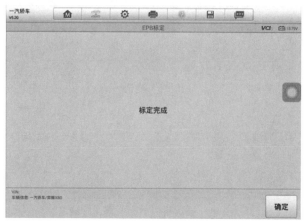

图 5-7-18　EPB 模块标定完成

八、ABS 模块更换后匹配

以元征 X-431 PAD Ⅲ对 2010 年款奔驰 C200 ABS 模块更换后匹配为例进行介绍。
① 打开点火开关,点击"确定",进入"ESP-电控稳定系统(N30/4)"(图 5-8-1)。

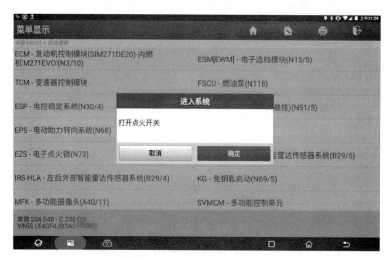

图 5-8-1　打开点火开关

② 选择"读故障码"菜单(图 5-8-2)。
③ 读取故障码(图 5-8-3)。
④ 确认编程条件满足,点"确定"(图 5-8-4)。
⑤ 点击"下载",开始下载文件(图 5-8-5)。
⑥ 文件下载成功,点击"确定"(图 5-8-6)。
⑦ 再次确定编程条件满足,点击"是"(图 5-8-7)。

图 5-8-2 选择"读故障码"菜单

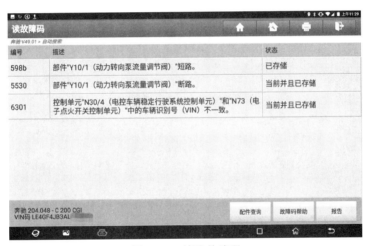

图 5-8-3 读取故障码

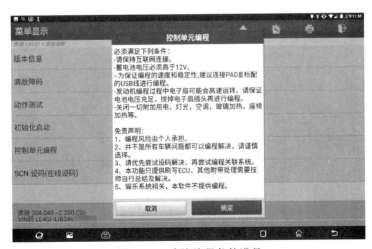

图 5-8-4 确认编程条件满足

图 5-8-5　开始下载文件

图 5-8-6　文件下载成功

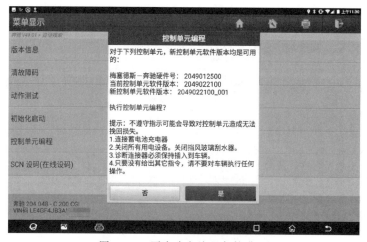

图 5-8-7　再次确定编程条件满足

⑧ 出现危险警告提示，点击"是"（图 5-8-8）。

图 5-8-8　危险警告提示

⑨ 打开点火开关，点击"确定"（图 5-8-9）。

图 5-8-9　打开点火开关

⑩ 正在编程中（图 5-8-10）。

图 5-8-10　正在编程中

⑪ 控制模块复位中（图 5-8-11）。

图 5-8-11　控制模块复位中

⑫ 控制单元编程已成功进行，点击"确定"（图 5-8-12）。

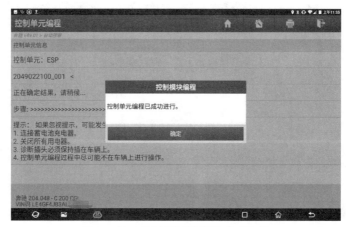

图 5-8-12　控制单元编程已成功进行

⑬ 确认条件满足，点击"确定"（图 5-8-13）。

图 5-8-13　确认条件满足

⑭ 设码已成功结束，点"确定"，编程设码结束后，故障解决（图 5-8-14）。

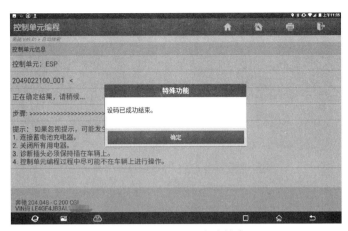

图 5-8-14　设码已成功结束

以道通 MS908Pro 对大众 CC ABS 模块更换后匹配为例进行介绍。
① 连接诊断仪，使用自动读取车辆 VIN 进入车型。
② 进入"编程/定制测试"，选择"在线编码"（图 5-8-15）。

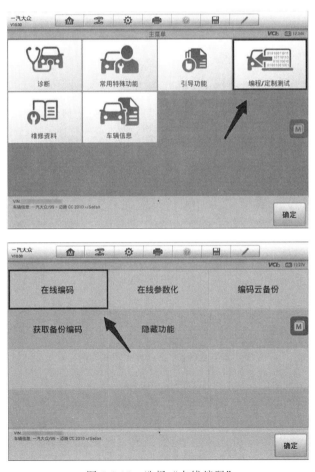

图 5-8-15　选择"在线编码"

③ 选择"03-制动电子装置"（图5-8-16）。

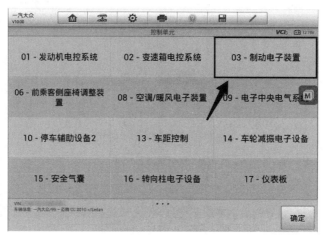

图 5-8-16　选择"03-制动电子装置"

④ 开始收集车辆信息，从服务器获取的编码值可能有多个，可以选择其中一个进行编码（注意：编码过程请使用USB线连接，并确保网络稳定）（图5-8-17）。

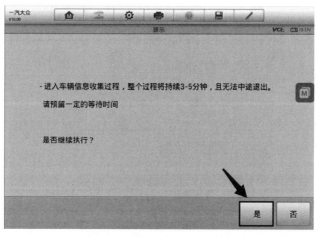

图 5-8-17　收集车辆信息并进行编码

⑤ 编码获取完成，可以看到当前编码以及初始编码都为"0000000"（图 5-8-18）。

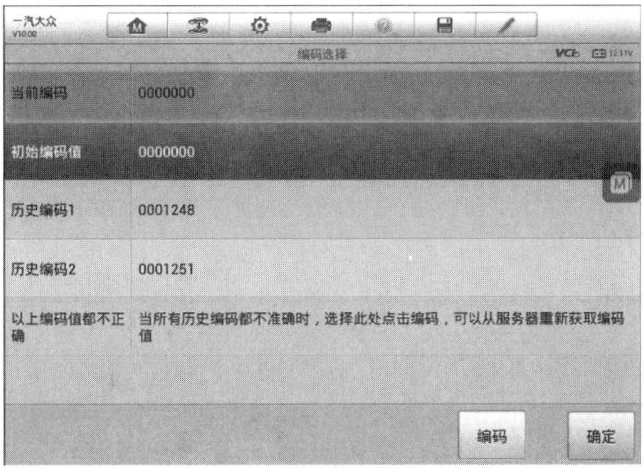

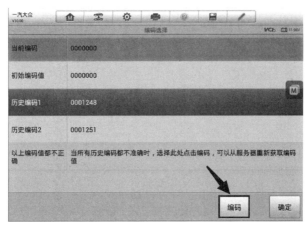

图 5-8-18　编码获取完成

⑥ 选择其中一个历史编码，点击"编码"（图 5-8-19）。

图 5-8-19　选择其中一个历史编码

⑦ 编码写入成功后可以查看故障是否解决，如果故障没有排除，可以选择其中的历史编码重新编码功能（图 5-8-20）。

图 5-8-20

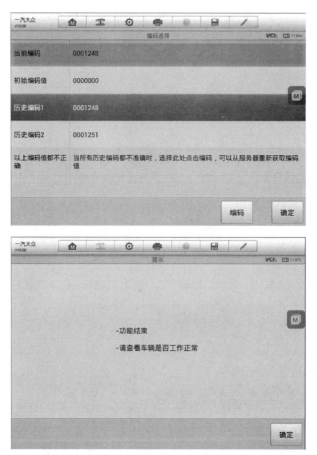

图 5-8-20 功能结束

注意：如果以上历史编码都不正确，可以选择最后一项，重新从服务器获取编码值。

第六章

基本设定

一、变速箱基本设定

以道通 MS908 对大众双离合变速箱（0AM）基本设定为例进行介绍。
① 连接道通诊断仪，选择正确车型。
② 进入"引导功能"（图 6-1-1）。

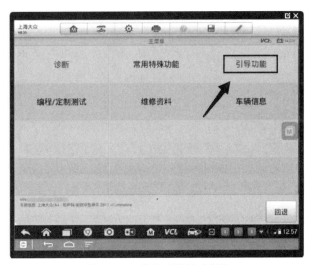

图 6-1-1　进入"引导功能"

③ 进入"控制单元"（图 6-1-2）。
④ 选择"02-变速箱电控系统"（图 6-1-3）。
⑤ 选择相应的变速箱类型，点击"确定"（图 6-1-4）。
⑥ 选择"02-对安装信息进行匹配"（图 6-1-5）。
⑦ 满足提示条件，点击"完成/继续"（图 6-1-6）。
⑧ 执行该功能，点击"是"（图 6-1-7）。
⑨ 完成提示操作，点击"完成/继续"（图 6-1-8）。
⑩ 清除故障存储器，点击"完成/继续"（图 6-1-9）。
⑪ 删除部件的安装信息，点击"完成/继续"（图 6-1-10）。

图 6-1-2　进入"控制单元"

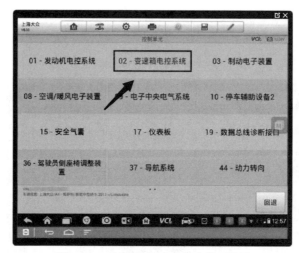

图 6-1-3　选择"02-变速箱电控系统"

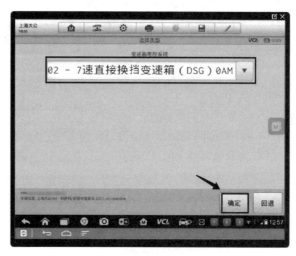

图 6-1-4　选择相应的变速箱类型

图 6-1-5　选择"02-对安装信息进行匹配"

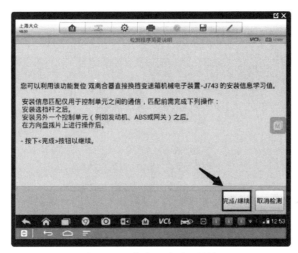

图 6-1-6　点击"完成/继续"

图 6-1-7　执行该功能

图 6-1-8 完成提示操作

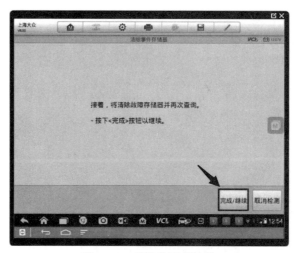

图 6-1-9 清除故障存储器

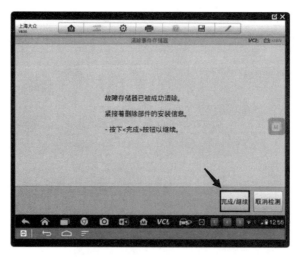

图 6-1-10 删除部件的安装信息

⑫ 组件安装信息已成功复位，点击"完成/继续"（图 6-1-11）。

图 6-1-11　组件安装信息已成功复位

⑬ 点击"完成/继续"，变速箱安装信息匹配功能完成（图 6-1-12）。

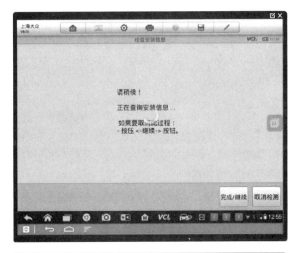

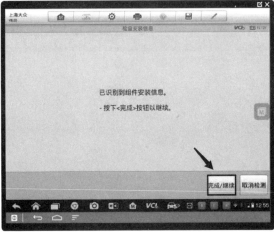

图 6-1-12

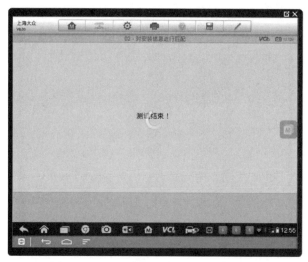

图 6-1-12　变速箱安装信息匹配功能完成

以元征 X-431 PAD Ⅲ 对 2008 年款宝马 523Li 变速箱设码为例进行介绍。
① 进入"TCM（自动变速箱控制模块-EGS/DKG/SMG）"（图 6-1-13）。

图 6-1-13　进入"TCM（自动变速箱控制模块-EGS/DKG/SMG）"

② 选择"读故障码"菜单（图 6-1-14）。

图 6-1-14　选择"读故障码"菜单

③ 故障码为 511B，EGS 设码（图 6-1-15）。

图 6-1-15　EGS 设码

④ 选择"编码/编程"菜单（图 6-1-16）。

图 6-1-16　选择"编码/编程"菜单

⑤ 选择"便捷进入及启动系统（CAS）和照明模块（LM）都没更换"（图 6-1-17）。

图 6-1-17　选择"便捷进入及启动系统（CAS）和照明模块（LM）都没更换"

⑥ 确认车辆信息正确，点"下一步"（图 6-1-18）。

图 6-1-18　确认车辆信息正确

⑦ 选择"设码"（图 6-1-19）。

图 6-1-19　选择"设码"

⑧ 选择"EGS［变速器控制］"（图 6-1-20）。

图 6-1-20　选择"EGS［变速器控制］"

⑨ 选择"重新编码"(图6-1-21)。

图6-1-21　选择"重新编码"

⑩ 按照操作提示操作车辆,点"是"执行编码(图6-1-22)。

图6-1-22　按照操作提示操作车辆

⑪ 重新编码完成,点击"确定"(图6-1-23)。

图6-1-23　重新编码完成

⑫ 再次读码，系统无故障码（图6-1-24）。

图6-1-24 系统无故障码

二、大灯基本设定

以元征X-431对2011年款途观大灯基本设定为例进行介绍。

注意事项：

① 车辆必须停在水平地面上；

② 拉上手刹；

③ 打开点火开关；

④ 关闭前自动大灯；

⑤ 在更换新的自动大灯后，需要对控制单元进行编码，再执行系统基本调整功能。如果未更换新的大灯电机或者大灯，只需执行系统基本调整功能即可。如果中途中断程序，会出现"大灯未设定"的故障码，若要清除该故障码，必须完成整个操作程序。

具体操作步骤如下。

① 打开点火开关。

② 选择大众V27.11以上版本软件。

③ 进入"系统选择"。

④ 选择"55大灯范围控制"系统。

⑤ 记录电脑型号中的汽车电脑控制单元编码：424＊（图6-2-1）。

⑥ 选择"11控制单元编码"，输入编码值前一定要记录原始的编码值，输入图6-2-1记录下的编码，点击"确定"（图6-2-2）。

⑦ 选择"04系统基本调整"，选择"按列表方式读取"，选择"001，调节位置&&调节自学习"（如果选择"按通道方式读取"，则输入通道号001），点击"确定"（图6-2-3）。

⑧ 此时，大灯电机状态显示"001-1，状态：等待"（图6-2-4）。

⑨ 点击左下角"调整"按钮，数秒后，电机状态显示"信息：调整"（图6-2-5）。

⑩ 等待20s，直至大灯电机完成自学习的过程，然后打开大灯，手动调节灯光高度到合适的位置，完成系统基本调整。

⑪ 系统基本调整完成后，返回选择"05清故障码"功能，清除故障码，解决问题。

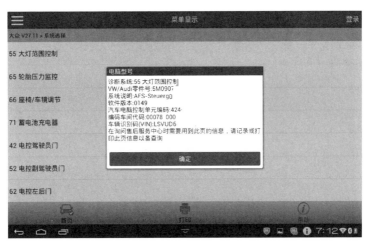

图 6-2-1　读取控制单元编码

图 6-2-2　输入原始的编码值

图 6-2-3　选择"001，调节位置 && 调节自学习"

图 6-2-4　大灯电机状态

图 6-2-5　设置电机状态

以道通 MS908 对帕萨特大灯基本设定为例进行介绍。

① 连接诊断仪，确保通信正常后，使用自动读取车架码功能进入车型，使用"编程/定制测试"执行"在线编码"功能（图 6-2-6）。

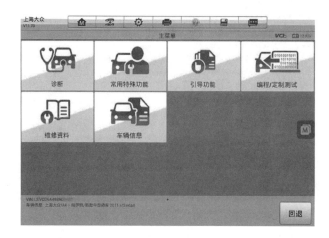

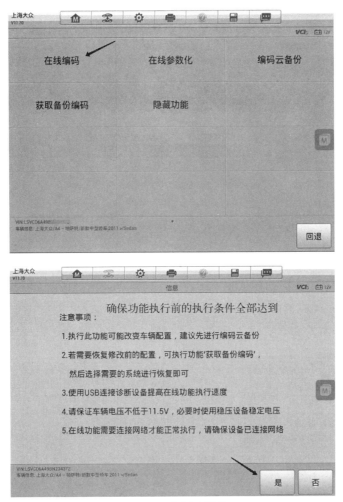

图 6-2-6　按提示操作

② 选择"55-大灯照明距离调节装置"（图 6-2-7）。

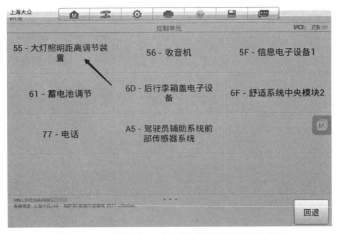

图 6-2-7　选择"55-大灯照明距离调节装置"

③ 开始收集车辆信息，请耐心等待（图 6-2-8）。

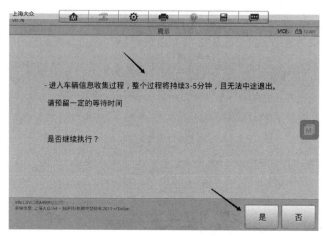

图 6-2-8 收集车辆信息

④ 诊断电脑会从服务器获取到多组编码值，请优先选用历史编码进行编码（图 6-2-9）。

注意：如果历史编码值的写入不能解决未编码故障，请点击最后一个选项"以上编码值都不正确"，再次从服务器获取新的编码值。

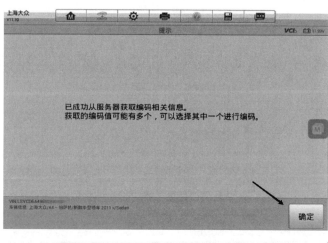

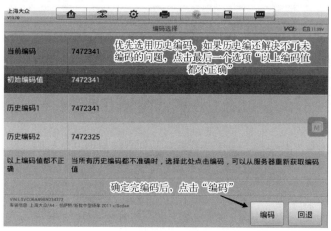

图 6-2-9 进行编码

⑤ 编码写入成功后，点击"确定"结束功能（图 6-2-10）。

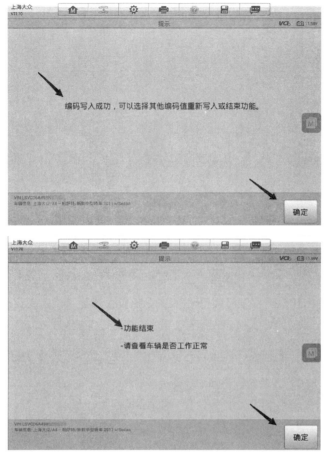

图 6-2-10　编码写入成功

⑥ 再次从"55-大灯照明距离调节装置"模块读取故障码，"01042-控制单元未编码"故障已成功清除（图 6-2-11）。

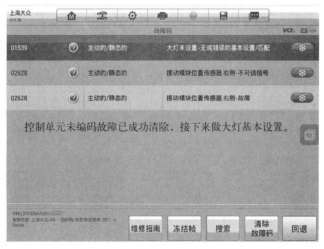

图 6-2-11　再次读取故障码

⑦ 接下来进入"55-大灯照明距离调节装置"模块的引导功能执行大灯的"55-基本设置"（图 6-2-12）。

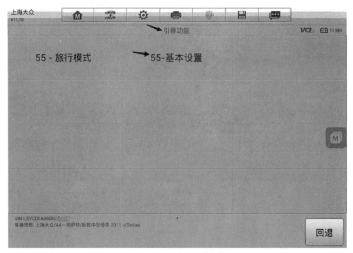

图 6-2-12　选择 55-基本设置

⑧ 请阅读界面中的"检测程序简要说明"，确认阅读完成后点击"完成/继续"（图 6-2-13）。

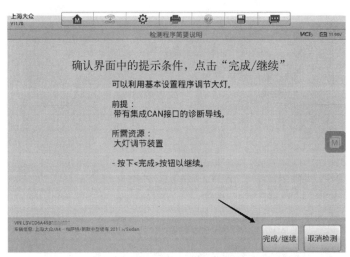

图 6-2-13　确认界面中的提示条件

⑨ 执行接下来的功能时，请建立大灯调节的检测和调节条件（图 6-2-14）。
⑩ 请阅读界面中的"提示"信息，确认完注意事项后点击"完成/继续"（图 6-2-15）。
⑪ 请将大灯的近光打开，并确认大灯无异常（图 6-2-16）（例如，大灯没有装配好，灯光没在标准位置）。
⑫ 请阅读界面中的"提示"信息，确认大灯在调校位置上（图 6-2-17）。
⑬ 请阅读界面中的提示信息，如果大灯已经处于校准位置，直接点击"是"（图 6-2-18）。
⑭ 基本设置成功后，大灯模块会重新记录当前的控制位置（图 6-2-19）。
⑮ 再次从"55-大灯照明距离调节装置"模块读取故障码，"01539-大灯未设置-无或错误的基本设置/匹配"已成功清除（图 6-2-20）。

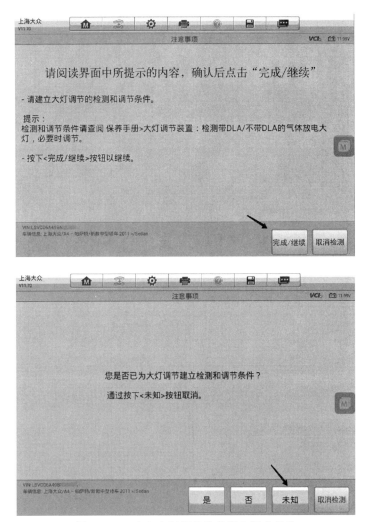

图 6-2-14　建立大灯调节的检测和调节条件

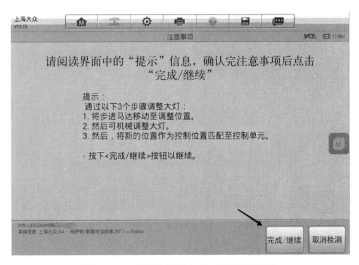

图 6-2-15　阅读界面中的"提示"信息

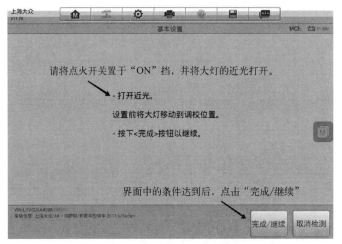

图 6-2-16　确认大灯无异常

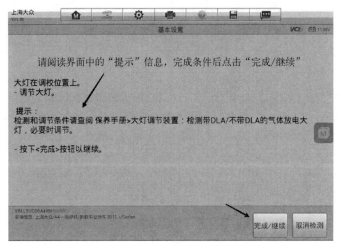

图 6-2-17　确认大灯在调校位置上

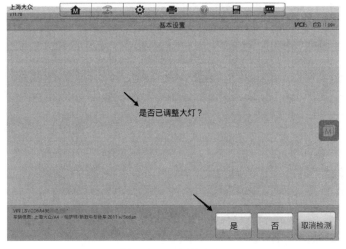

图 6-2-18　调整大灯

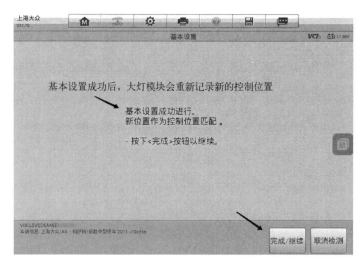

图 6-2-19 基本设置成功

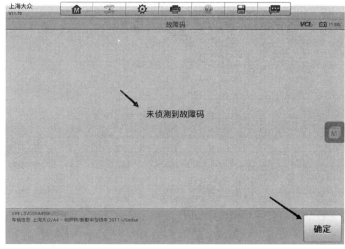

图 6-2-20 故障已清除

三、空调基本设定

以元征 X-431 对 2018 年款别克君越空调执行器电机学习为例进行介绍。

① 选择"中国通用"软件，连接进入后选择"自动搜索"功能识别车辆信息，选择"快速测试"功能扫描出全车系统（图 6-3-1）。

② 选择"空调系统"模块（图 6-3-2）。

③ 选择"特殊功能"（图 6-3-3）。

④ 选择"HVAC（空调）执行器学习"（图 6-3-4）。

⑤ 点击"确定"，进入下一步（图 6-3-5）。

⑥ 满足条件"打开点火"，然后点"确定"（图 6-3-6）。

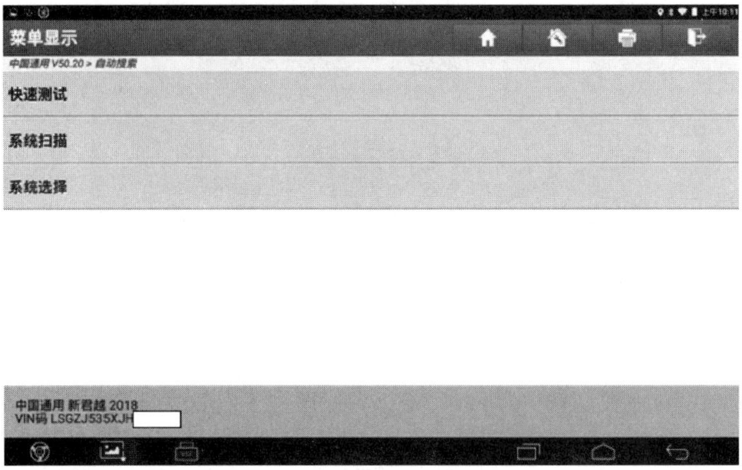

图 6-3-1 选择"快速测试"功能扫描出全车系统

图 6-3-2 选择"空调系统"模块

图 6-3-3 选择"特殊功能"

图 6-3-4 选择"HVAC(空调)执行器学习"

图 6-3-5 点击"确定"

图 6-3-6 打开点火

⑦ 程序执行中（图 6-3-7）。

图 6-3-7　程序执行中

⑧ 关闭点火系统然后再开启（图 6-3-8）。

图 6-3-8　关闭点火系统然后再开启

⑨ 提示"清除 DTC"，点击"确定"后学习结束（图 6-3-9）。

图 6-3-9　点击"确定"后学习结束

以道通 MS908S 对大众速腾空调编程为例进行介绍。

① 将 MS908S 连接车辆 OBD-Ⅱ，选择正确的车型进入后，选择"诊断"→"控制单元"→"08-空调/暖风电子装置"→"读汽车电脑信息"。读到"软件编码""车间代码""IMP"均为"0"（图 6-3-10）。

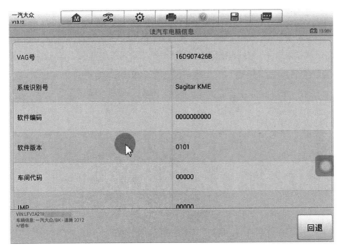

图 6-3-10　读取汽车电脑信息

② 在功能菜单中选择"编码"（图 6-3-11）。

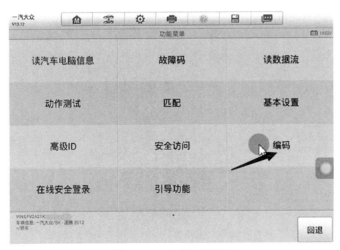

图 6-3-11　选择"编码"

③ 根据在"汽车电脑信息"的原编码对"08-空调/暖风系统"的编码进行修改（若无离线编码，可进入编程定测测试菜单执行在线编码）（图 6-3-12）。

④ 进入"引导功能"（图 6-3-13）。

⑤ 选择正确的"空调/暖风电子装置"类型（图 6-3-14）。

⑥ 选择"基本设置"（图 6-3-15）。

⑦ 最后执行"08-空调压缩机首次运行"（图 6-3-16）。

⑧ 根据实际情况选择，车主这边更换了空调面板，集成了空调控制单元 J301，根据设备提示，更换空调控制单元 J301 必须停用首次磨合，所以选择"-2-"（图 6-3-17）。

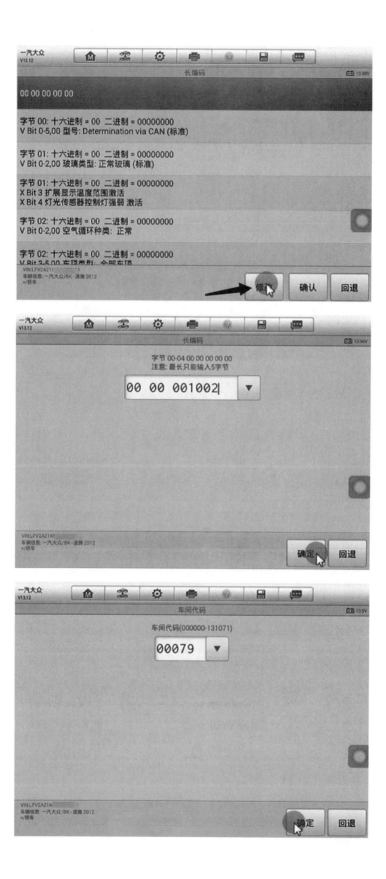

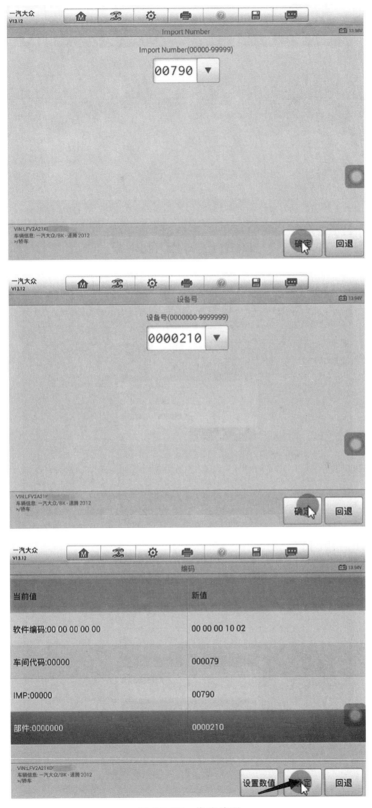

图 6-3-12　修改编码

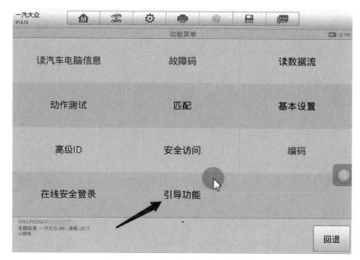

图 6-3-13　进入"引导功能"

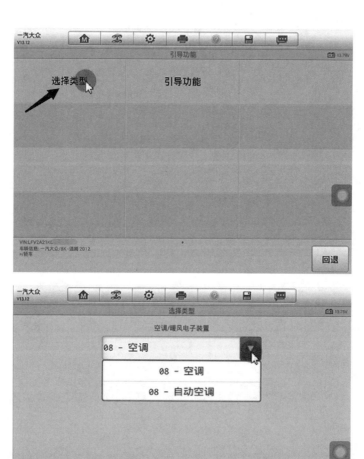

图 6-3-14　选择正确的"空调/暖风电子装置"类型

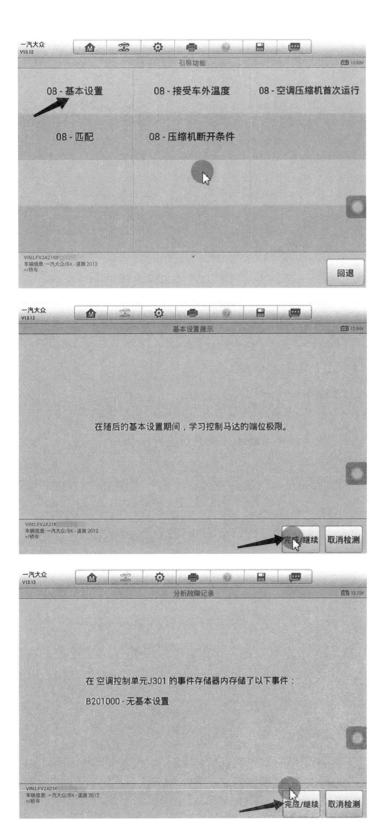

图 6-3-15

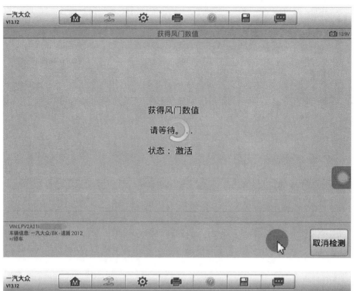

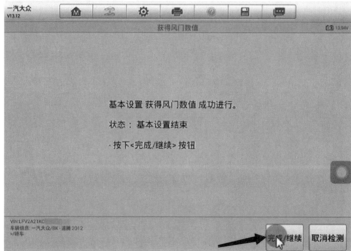

图 6-3-15　基本设置结束

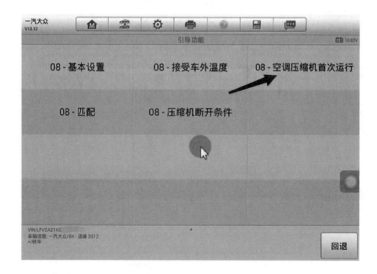

图 6-3-16　执行 "08-空调压缩机首次运行"

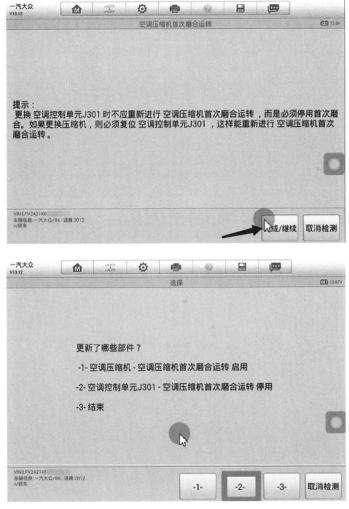

图 6-3-17

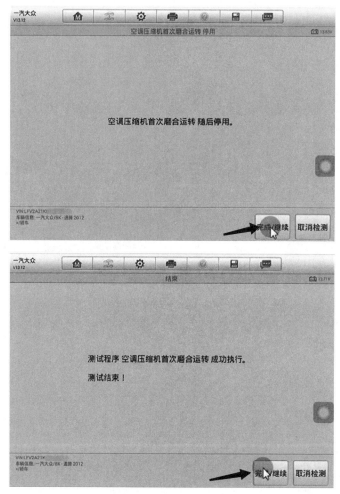

图 6-3-17 选择 "-2-"

⑨ 在 "08-空调/暖风电子装置" 中执行 "清除故障码" 操作，设备提示 "未侦测到故障码"，空调 A/C 键亮灯且正常工作，至此故障排除，流程结束（图 6-3-18）。

图 6-3-18 流程结束

第七章
更换刹车片

一、奔驰车型

以元征 X-431 PAD Ⅲ 对 2017 年款奔驰 E300L 更换后刹车片为例进行介绍。

① 选择"特殊功能"点击进入（图 7-1-1）。

图 7-1-1　选择"特殊功能"

② 选择"刹车片复位"选项进入（图 7-1-2）。

图 7-1-2　选择"刹车片复位"选项进入

③ 选择"MERCEDES-BENZ(奔驰)"车型(图7-1-3)。

图 7-1-3　选择"MERCEDES-BENZ(奔驰)"车型

④ 选择"自动扫描",进入系统,提示"打开点火开关",然后点击"确定"进入(图7-1-4)。

图 7-1-4　打开点火开关

⑤ 选择"安装位置起步"(后轮刹车片更换),点击进入(图7-1-5)。

图 7-1-5　选择"安装位置起步"

⑥ 点击"F3:安装位置起步"菜单,松开刹车分泵,界面提示"正在松开制动器",同时可以听到刹车分泵释放声音(图7-1-6)。

图 7-1-6　点击"F3：安装位置起步"

⑦ 松开后提示"在安装位置上"，就可以对后轮刹车进行维修保养（图 7-1-7）。

图 7-1-7　提示"在安装位置上"

⑧ 维修结束后，点击"F4：停用安装位置"菜单，回缩刹车分泵，界面提示"正在操纵"（图 7-1-8）。

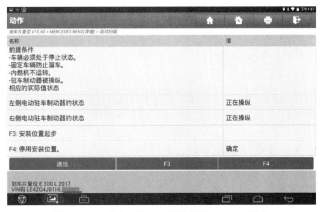

图 7-1-8　点击"F4：停用安装位置"菜单

⑨ 回缩成功后提示"已打开"，点击"退出"菜单结束程序（图 7-1-9）。

图 7-1-9　回缩成功

二、宝马车型

以元征 X-431 PAD Ⅲ对宝马 525Li（E60）刹车片更换复位为例进行介绍。

注意事项：

① X-431 特殊功能菜单下的"刹车片复位"功能，只能做电子驻车制动系统的刹车片更换，对于前制动或后制动的刹车系统，则需要使用宝马软件进行刹车片更换操作；

② 更换电子驻车制动系统的刹车片之前，需要将点火开关置于 ON 的位置，对于一键启动按钮，则需要按下一键启动按钮，仪表警示灯亮起之后才能操作；

③ 要求按下驻车制动按钮，释放驻车制动开关，同时仪表驻车制动灯熄灭；

④ 如果脚垫太厚，可能会影响刹车片复位过程中的"踩下刹车踏板"动作，从而导致复位不成功。

具体操作步骤如下。

① 打开点火开关，不启动发动机。

② 选择刹车片复位软件 V10.20 以上版本。

③ 选择"BMW（宝马）"。

④ 选择"手动选择"。

⑤ 选择"刹车片更换"。

⑥ 选择"5 系"菜单。

⑦ 选择 5_E60/E61，将会显示"打开点火开关"的提示信息，点击"确定"继续。

⑧ 首先执行"回缩刹车分泵模式"功能，选择"回缩刹车分泵模式"菜单（图 7-2-1）。

⑨ 按提示操作：打开点火开关，车辆静止，释放驻车制动开关（图 7-2-2）。

⑩ 进行两个分泵分离操作（图 7-2-3）。

⑪ 进行刹车片更换（图 7-2-4）。

⑫ 点击"确定"后即"回缩刹车分泵模式"功能执行完成，进行刹车片或制动分泵的更换工作。

⑬ 刹车片或制动分泵更换完成之后，选择并执行"释放刹车分泵模式"功能。

⑭ 按提示操作（图 7-2-5）。

⑮ 按提示操作（图 7-2-6）。

第七章　更换刹车片

图 7-2-1　选择"回缩刹车分泵模式"菜单

图 7-2-2　释放驻车制动开关

图 7-2-3　进行两个分泵分离操作

图 7-2-4　进行刹车片更换

图 7-2-5　注意提醒（一）

图 7-2-6　注意提醒（二）

⑯ 按提示操作（图 7-2-7）。

图 7-2-7　注意提醒（三）

⑰ 提示"驻车制动器释放已经成功完成"（图 7-2-8）。

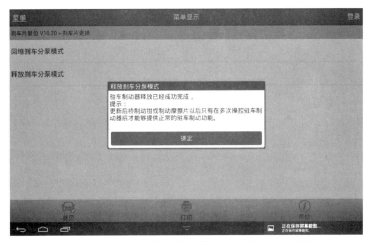

图 7-2-8　提示"驻车制动器释放已经成功完成"

⑱ 点击"确定"按钮即"释放刹车分泵模式"功能执行完成。

三、比亚迪车型

以元征 X-431 PAD Ⅲ 对 2017 年款比亚迪宋更换后轮刹车片为例进行介绍。
① 连接后选择"比亚迪汽车"，进入后选择"宋 DM"，点击进入（图 7-3-1）。
② 选择"快速测试"扫描全车系统（图 7-3-2）。
③ 选择"电子驻车系统（萨克）"点击进入（图 7-3-3）。
④ 选择"动作测试"点击进入（图 7-3-4）。
⑤ 选择"维修模式释放"（图 7-3-5）。
⑥ 按照提示信息操作，然后点击"确定"（图 7-3-6）。

图 7-3-1 选择车型

图 7-3-2 选择"快速测试"

图 7-3-3 选择"电子驻车系统（萨克）"

图 7-3-4 选择"动作测试"

图 7-3-5 选择"维修模式释放"

图 7-3-6 按照提示信息操作

⑦ 点击"执行"进行释放操作，然后可以听到刹车分泵释放的声音，释放结束后，可以拆卸刹车分泵或更换手刹片（图 7-3-7）。

图 7-3-7　点击"执行"进行释放操作

⑧ 操作完成后，返回动作测试列表，选择"维修模式夹紧"（图 7-3-8）。

图 7-3-8　选择"维修模式夹紧"

⑨ 点击"执行"进行夹紧操作，然后可以听到刹车分泵回缩的声音，表明刹车分泵活塞回缩成功，维修结束（图 7-3-9）。

图 7-3-9　点击"执行"进行夹紧操作

四、大众车型

以元征 X-431Pro 对 2011 年款一汽大众迈腾更换后刹车片为例进行介绍。
① 选择"国产车"。
② 选择"一汽大众"。
③ 选择"自动扫描"或"手动选择"菜单。
④ 选择"MAGOTAN"菜单（图 7-4-1）。

图 7-4-1 选择"MAGOTAN"菜单

⑤ 确认需要执行的功能条件（图 7-4-2）。

图 7-4-2 确认需要执行的功能条件

⑥ 选择需要执行的刹车片更换功能菜单（图 7-4-3）。
⑦ 选择任意功能菜单，需在打开点火开关的条件下进行操作，其中执行"自动后刹车片更换"即可以进行读故障码，清除故障码，打开后制动钳，关闭后制动钳；也可以对几个功能各自单独执行。
⑧ 选择读故障码。
⑨ 选择清除故障码。

图 7-4-3　选择需要执行的刹车片更换功能菜单

⑩ 选择"打开后制动钳",点击"确定",此时驻车制动电机会有响声,说明电机柱塞在回缩(图 7-4-4)。

图 7-4-4　选择"打开后制动钳"

⑪ 大约 30s 后更换制动片。在做到此步骤时,发现电机柱塞没有收回。原因是后刹车片磨到铁板,分泵芯锈蚀,用化清剂清洗之后,用扳手才能复位(图 7-4-5)。

图 7-4-5　制动钳已被打开

⑫ 更换完后制动片之后，显示关闭后制动钳（图 7-4-6）。

图 7-4-6　显示关闭后制动钳

⑬ 选择"关闭后制动钳"（图 7-4-7）。

图 7-4-7　选择"关闭后制动钳"

⑭ 点击"确定"后，留意提示（图 7-4-8）。

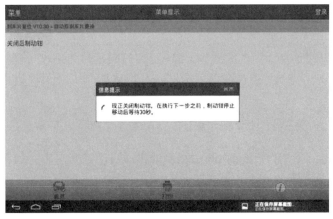

图 7-4-8　留意提示

⑮ 大约 30s 后，诊断仪出现提示（图 7-4-9）。

图 7-4-9　诊断仪出现提示

⑯ 选择"确定"，刹车片更换完成（图 7-4-10）。

图 7-4-10　刹车片更换完成

五、广汽传祺车型

以道通 MS908S 对 2020 年款广汽传祺 M8 更换后刹车片为例进行介绍。

① 连接车辆 OBD，通过 VIN 自动解析进入车型选项，核对车辆信息无误后点击"是"（图 7-5-1）。

② 进入"常用特殊功能"，选择"电子驻车制动"（图 7-5-2）。

③ 选择"更换刹车片"（图 7-5-3）。

④ 查看提示信息，注意打开点火开关，发动机不启动，并点击"确定"，设备操作成功后，开始更换刹车片（图 7-5-4）。

⑤ 点击"确定"后回退到电子驻车制动页面（图 7-5-5）。

⑥ 换好刹车片后点击"退出维修模式"，重新着车，操作成功（图 7-5-6）。

图 7-5-1　确认车辆信息

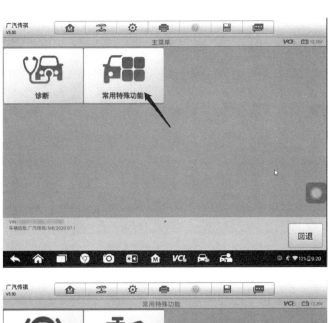

图 7-5-2　选择"电子驻车制动"

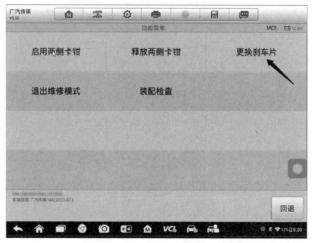

图 7-5-3 选择"更换刹车片"

图 7-5-4 查看提示信息

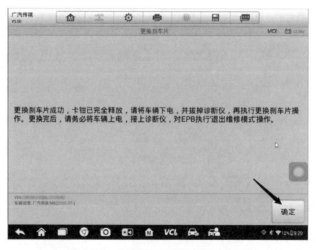

图 7-5-5 回退到电子驻车制动页面

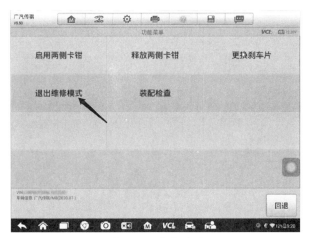

图 7-5-6 操作成功

六、三菱车型

以道通 MS908S 对 2017 年款三菱欧蓝德更换后刹车片为例进行介绍。
① 选择正确的车型，进入"诊断"→"控制单元"（图 7-6-1）。

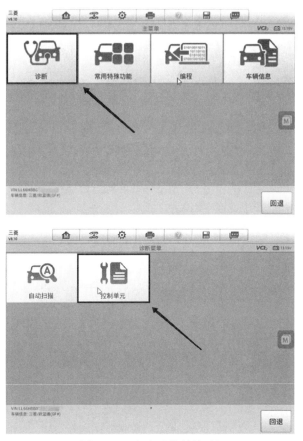

图 7-6-1 点击"控制单元"

② 选择"电子驻车系统（EPB）"（图 7-6-2）。

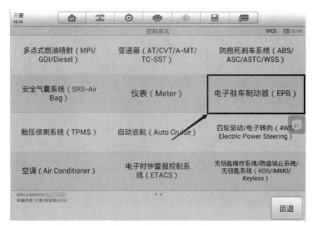

图 7-6-2　选择"电子驻车系统（EPB）"

③ 选择"动作测试"（图 7-6-3）。

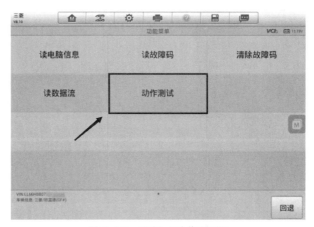

图 7-6-3　选择"动作测试"

④ 选择"完全释放控制"（图 7-6-4）。

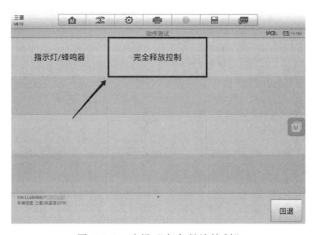

图 7-6-4　选择"完全释放控制"

⑤ 选择"只看动作测试"(图7-6-5)。

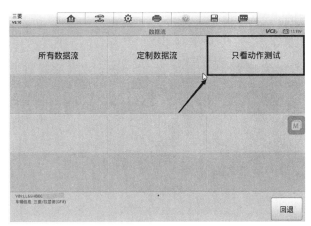

图7-6-5 选择"只看动作测试"

⑥ 点击"开启",可以听到后刹车片处的电子泵工作声音,这时候可以开始更换,更换完之后点击"关闭"(图7-6-6)。

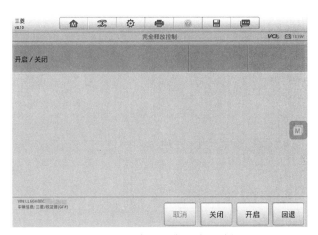

图7-6-6 点击"开启"或"关闭"

七、沃尔沃车型

以道通MS908S对沃尔沃S90更换后刹车片为例进行介绍。
① 选择"自动选择车型"菜单,进入后点击"诊断"(图7-7-1)。
② 选择"控制单元"后,点击"刹车控制模块(BCM)"(图7-7-2)。
③ 选择"特殊功能"(图7-7-3)。
④ 选择"手刹维修位置"(图7-7-4)。
⑤ 确保车辆处于使用模式,即点火开关置于ON挡。然后点击"启动维修模式",此时可直接将分泵压回更换刹车片(图7-7-5)。
⑥ 刹车片更换完成后,点击"退出维修模式"(图7-7-6),分泵弹出。刹车片更换完成。

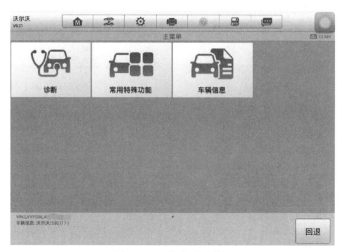

图 7-7-1　点击"诊断"

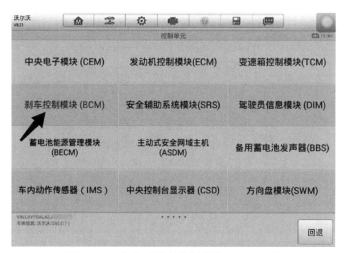

图 7-7-2　点击"刹车控制模块（BCM）"

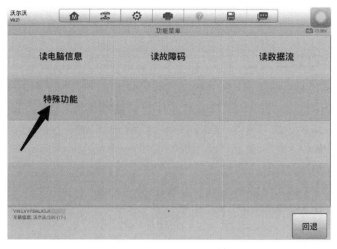

图 7-7-3　选择"特殊功能"

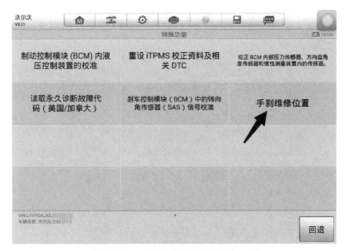

图 7-7-4 选择"手刹维修位置"

图 7-7-5 点击"启动维修模式"

图 7-7-6 点击"退出维修模式"

八、领克车型

以道通 MS906S 对 2018 年款领克 01 更换后刹车片为例进行介绍。

① 进入诊断模式,手动选择车型,选择"常用特殊功能"(图 7-8-1)。

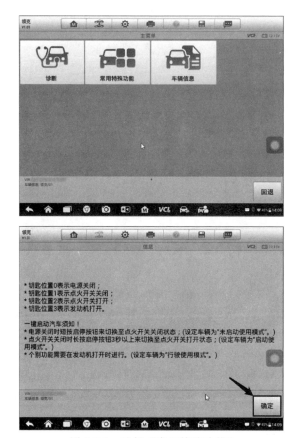

图 7-8-1　选择"常用特殊功能"

② 选择"电子驻车制动"和"手刹车维修位置"(图 7-8-2)。

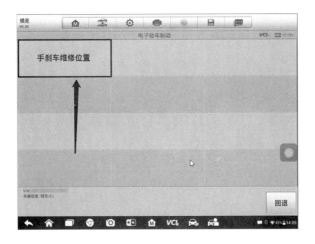

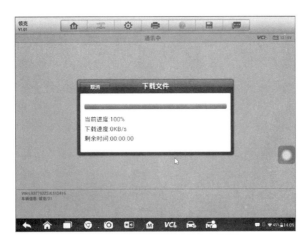

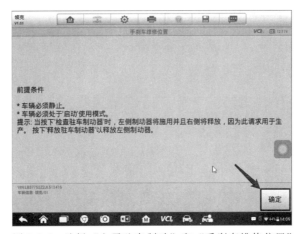

图 7-8-2　选择"电子驻车制动"和"手刹车维修位置"

③ 选择"检查驻车制动器",然后选择"松开驻车刹车"(图 7-8-3)。

④ 进入"激活维修模式",这时候即可更换刹车片,更换完成后点击"退出维修模式"(图 7-8-4)。

图 7-8-3 选择"松开驻车刹车"

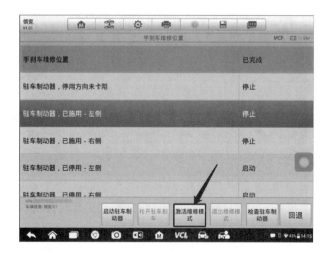

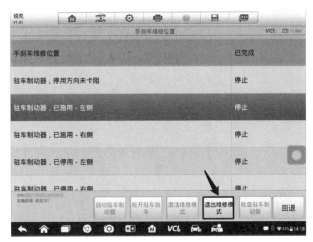

图 7-8-4 进入"激活维修模式"

九、本田车型

以元征 X-431 PAD Ⅲ 对 2016 年款本田思域更换后刹车片为例进行介绍。
① 选择"防抱制动系统",点击"确定"继续(图 7-9-1)。

图 7-9-1 选择"防抱制动系统"

② 点击"确定"继续(图 7-9-2)。

图 7-9-2 点击"确定"继续

③ 选择"特殊功能"(图 7-9-3)。

图 7-9-3　选择"特殊功能"

④ 智能警告提示如图 7-9-4 所示,点击"确定"继续。

图 7-9-4　智能警告提示

⑤ 选择"制动摩擦片维护模式"(图 7-9-5)。

图 7-9-5　选择"制动摩擦片维护模式"

⑥ 该功能用于后制动摩擦片维护，特殊功能提示如图 7-9-6 所示，点击"确定"。

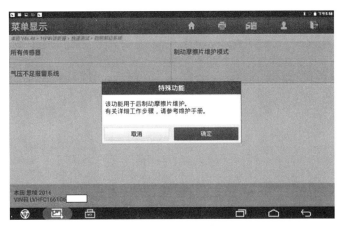

图 7-9-6　特殊功能提示

⑦ 选择"进入制动摩擦片维护模式"（图 7-9-7）。

图 7-9-7　选择"进入制动摩擦片维护模式"

⑧ 根据提示信息操作，条件都满足后点击"确定"（图 7-9-8）。

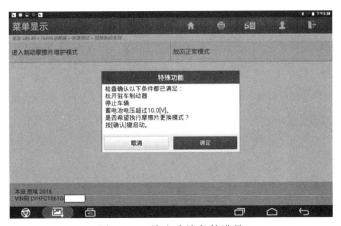

图 7-9-8　检查确认条件满足

⑨ 转换至摩擦片更换模式已经完成，换上新的刹车片，点击"确定"（图7-9-9）。

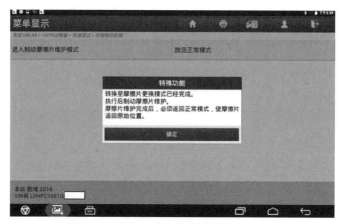

图7-9-9　转换至摩擦片更换模式已经完成

⑩ 选择"放回正常模式"（图7-9-10）。

图7-9-10　选择"放回正常模式"

⑪ 确认条件满足后点击"确定"（图7-9-11）。

图7-9-11　确认条件满足后点击"确定"

⑫ 点击"确定",该功能完成(图 7-9-12)。

图 7-9-12　功能步骤完成

十、丰田车型

以道通 D1 诊断仪对 2020 年款丰田荣放更换后刹车片为例进行介绍。
① 使用自动识别 VIN 功能进入车辆诊断页面(图 7-10-1)。

图 7-10-1　读取车辆信息

② 选择"常用特殊功能"(图 7-10-2)。

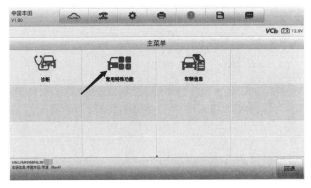

图 7-10-2　选择"常用特殊功能"

③ 选择"电子驻车制动"（图 7-10-3）。

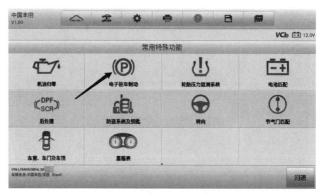

图 7-10-3　选择"电子驻车制动"

④ 点击"EPB 完全解除"（图 7-10-4）。

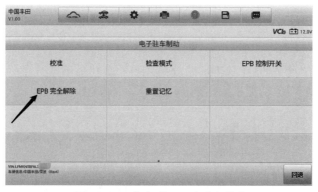

图 7-10-4　点击"EPB 完全解除"

⑤ EPB 完全解除，需严格根据设备提示进行操作，特别注意需要手动将电子手刹松掉才可继续进行。确认完成后点击"下一步"按钮（图 7-10-5）。

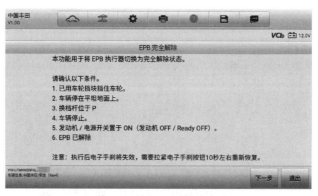

图 7-10-5　将 EPB 执行器切换为完全解除状态

⑥ 接着可以清晰听到活塞回缩的声音，一会设备页面便提示"电子驻车制动（EPB）完全解除完成"，此时即可更换刹车片（图 7-10-6）。

⑦ 更换完成后需要按下电子手刹按钮，10s 左右车辆即可重新恢复正常。

图 7-10-6　电子驻车制动（EPB）完全解除完成

十一、奥迪车型

以道通 D1 诊断仪对奥迪 A6 更换后刹车片为例进行介绍。
① 连接道通诊断仪，选择正确车型。
② 进入"常用特殊功能"，选择"电动驻车制动"。
③ 选择"53-驻车制动器"。
④ 按提示操作，并点击"确定"继续下一步（图 7-11-1）。

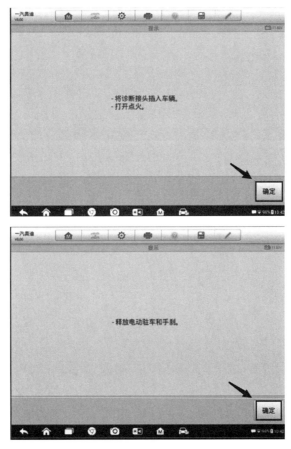

图 7-11-1

图 7-11-1　按提示操作

注意：确保点火开关已打开，并且释放手刹。

⑤ 执行步骤"1-启动刹车片更换（完全打开制动器）"（图 7-11-2）。

图 7-11-2　执行步骤"1-启动刹车片更换（完全打开制动器）"

⑥ 接下来制动器完全打开，点击"确定"，可以听到刹车分泵电机工作的声音，制动器被完全打开（图 7-11-3）。

⑦ 确认制动器已被完全打开，活塞已收回至刹车片更换位置后，执行步骤"1-更换刹

图 7-11-3　制动器被完全打开

车片"(图 7-11-4)。

注意：当退出测试程序或诊断连接中断时，使用驻车制动控制元件不能关闭制动器，此时仪表上的警告灯和驻车控制元件的警告灯会闪烁；当完成刹车片更换时必须执行"2-结束刹车片更换（关闭制动器）"功能再次关闭制动器。

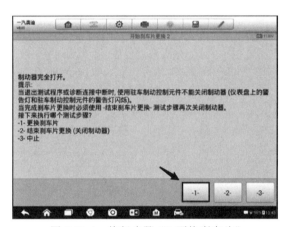

图 7-11-4　执行步骤"1-更换刹车片"

⑧ 按照提示进行后刹车片更换，确认新的刹车片都已正确安装，点击"确定"进入下一步（图 7-11-5）。

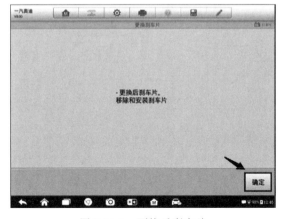

图 7-11-5　更换后刹车片

⑨ 点击"确定",制动器会关闭,制动活塞回到工作位置(图 7-11-6)。

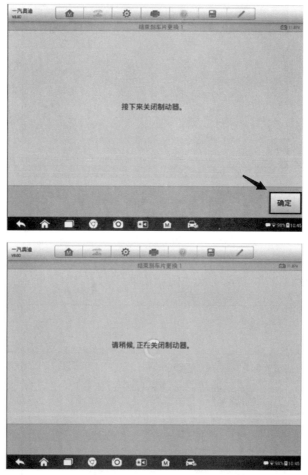

图 7-11-6 关闭制动器

⑩ 确认制动器已完全关闭后,安装轮胎,检查制动液液位,必要时进行添加,完成后继续下一步,结束刹车片更换功能(图 7-11-7)。

图 7-11-7　结束刹车片更换功能

十二、吉利车型

以元征 X-431 对吉利博越更换后刹车片为例进行介绍。

① 选择进入"ESP"系统（图 7-12-1）。

图 7-12-1　选择进入"ESP"系统

② 选择"特殊功能"（图 7-12-2）。

图 7-12-2　选择"特殊功能"

③ 更换前选择"进入维修模式（开始释放刹车片）"（图7-12-3）。

图7-12-3　更换前选择"进入维修模式（开始释放刹车片）"

④ 继续操作维修模式（图7-12-4）。

图7-12-4　继续操作维修模式

⑤ 释放摩擦片成功（图7-12-5）。

图7-12-5　释放摩擦片成功

⑥ 此时更换后刹车片，更换后选择"退出维修模式"（图7-12-6）。
⑦ 退出维修模式（图7-12-7）。
⑧ 退出维修模式成功（图7-12-8）。

图 7-12-6　更换后选择"退出维修模式"

图 7-12-7　退出维修模式

图 7-12-8　退出维修模式成功

十三、路虎车型

以道通 MS908S 对 2016 年款路虎发现神行更换后刹车片为例进行介绍。
① 将 MS908S 连接车辆后，选择"常用特殊功能"（图 7-13-1）。

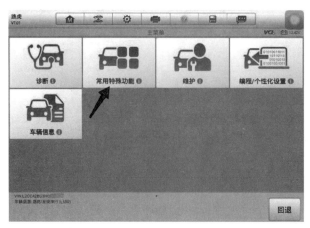

图 7-13-1　选择"常用特殊功能"

② 选择"电子驻车制动"(图 7-13-2)。

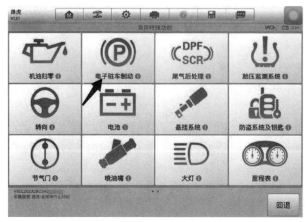

图 7-13-2　选择"电子驻车制动"

③ 选择"驻车制动块更换-释放到维修位置"(图 7-13-3)。

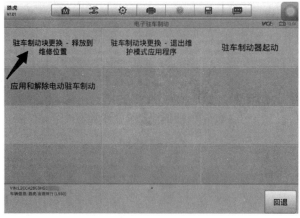

图 7-13-3　选择"驻车制动块更换-释放到维修位置"

④ 仔细阅读页面提示，满足要求后点击"确定"（图 7-13-4）。

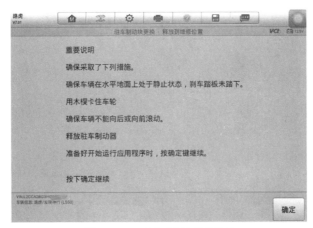

图 7-13-4　仔细阅读页面提示

⑤ 点击"确定"后可听到活塞缩回的声音，此时可直接进行刹车片更换操作（图 7-13-5）。

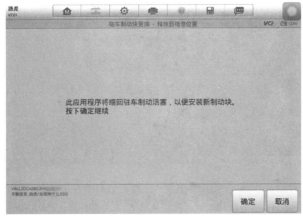

图 7-13-5　弹出提示页面并点击"确定"

⑥ 刹车片更换完成后，点击"驻车制动块更换-退出维修模式应用程序"（图 7-13-6）。

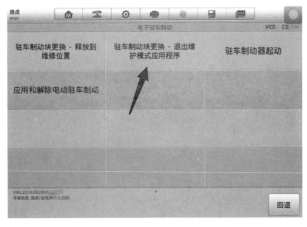

图 7-13-6　点击"驻车制动块更换-退出维修模式应用程序"

⑦ 页面提示"完成",点击"确定"退出当前页面(图 7-13-7)。

图 7-13-7　点击"确定"退出当前页面

第八章
传感器匹配

一、转向角匹配

以元征 X-431 PAD Ⅲ 对 2014 年款上海大众朗逸转向角传感器匹配为例进行介绍。

① 快速测试 03、04 系统的故障码：转向角传感器无基本设置（图 8-1-1）。

图 8-1-1 读取故障码

② 选择"特殊功能"（图 8-1-2）。

图 8-1-2 选择"特殊功能"

③ 选择"转向角学习"（图 8-1-3）。

图 8-1-3　选择"转向角学习"

④ 选择"03 刹车系统"（图 8-1-4）。

图 8-1-4　选择"03 刹车系统"

⑤ 阅读转向角学习提示注意事项，点击"确定"（图 8-1-5）。

图 8-1-5　阅读转向角学习提示注意事项

⑥ 清除故障码（图 8-1-6）。

图 8-1-6　清除故障码

⑦ 点击"是"，重新读取故障码（图 8-1-7）。

图 8-1-7　重新读取故障码

⑧ 控制单元故障码无法清除，是否继续执行，点击"是"（图 8-1-8）。

图 8-1-8　继续执行控制单元故障码清除

⑨ 点击"转向角学习"（图 8-1-9）。
⑩ 点击"转向角归零检查"（图 8-1-10）。
⑪ 点击"安全登录"（图 8-1-11）。

图 8-1-9 点击"转向角学习"

图 8-1-10 点击"转向角归零检查"

图 8-1-11 点击"安全登录"

⑫ 点击"转向角归零-启动基本设置"(图 8-1-12)。

图 8-1-12 点击"转向角归零-启动基本设置"

⑬ 点击"类型 2-通道 060"（图 8-1-13）。

图 8-1-13　点击"类型 2-通道 060"

⑭ 转向角传感器匹配运行中（图 8-1-14）。

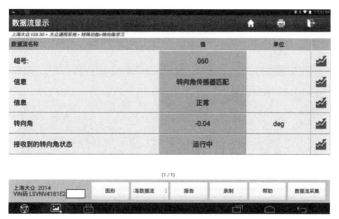

图 8-1-14　转向角传感器匹配运行中

⑮ 转向角归零-成功完成（图 8-1-15）。

图 8-1-15　转向角归零-成功完成

⑯ 归零成功（图 8-1-16）。

图 8-1-16　归零成功

二、转向柱锁匹配

以道通 MS908 对 2016 年款宝骏 560 转向柱锁匹配为例进行介绍。
① 选择正确车型。
② 进入"无钥匙进入系统",选择"特殊功能"(图 8-2-1)。

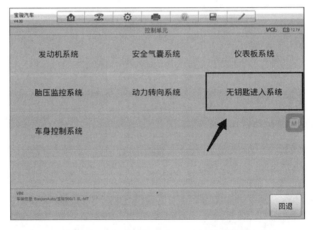

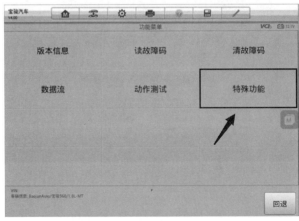

图 8-2-1　选择"特殊功能"

③ 执行"PEPS 匹配"功能，该功能需要在线连接服务器进行匹配，请连接有效网络再进行匹配（图 8-2-2）。

注意：如果是增加钥匙，则选择"新增钥匙（原钥匙有效）"。

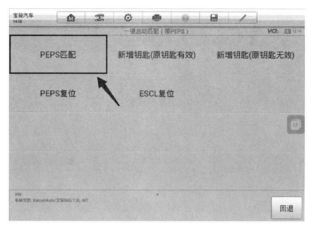

图 8-2-2　执行"PEPS 匹配"功能

④ 程序会自动识别当前车辆 VIN 码，请仔细核对是否正确，如果不一致请手动输入并继续下一步；屏幕会提示写入配置代码成功，点击"确定"，ESK 写入成功（图 8-2-3）。

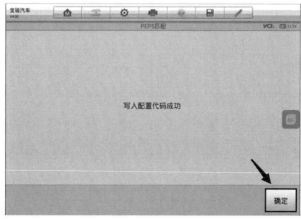

图 8-2-3

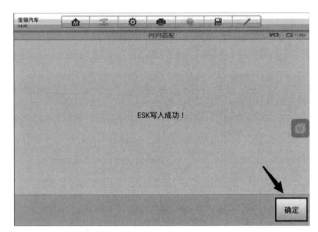

图 8-2-3　ESK 写入成功

⑤ 按照提示关闭点火开关，屏幕会提示"ESCL 学习成功"（图 8-2-4）。

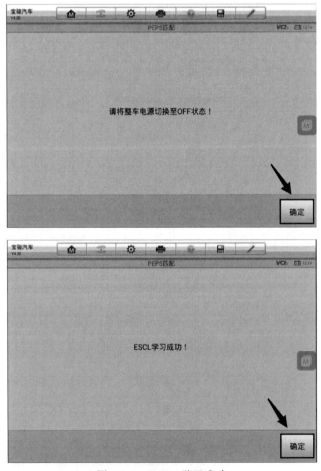

图 8-2-4　ESCL 学习成功

⑥ 按照提示打开点火开关，ECM 学习 ESK 成功，转向柱锁匹配完成（图 8-2-5）。

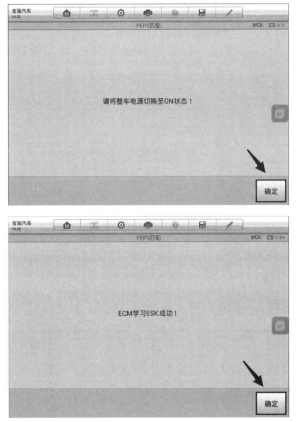

图 8-2-5　转向柱锁匹配完成

三、悬挂校准

以元征 X-431 PADⅢ 对奔驰 S300L 空气悬挂水平校准为例进行介绍。

① 选择奔驰 V48.11 或以上版本。

② 选择"221-S 级（自 07/2009）"，点击"确定"（图 8-3-1）。

③ 选择"悬挂（底盘 CAN 总线）"。

图 8-3-1　选择"221-S 级（自 07/2009）"

④ 选择"特殊功能",继续(注:在水平校准前首先读取故障码并清除)。如有故障要先排除故障,确保空气悬挂系统无故障码。

⑤ 点击"水平校准",查看水平校准提示信息,然后点击"确定"继续(图 8-3-2)。

图 8-3-2　查看水平校准提示信息

⑥ 查看相关高度及传感器信息(图 8-3-3)。

图 8-3-3　查看相关高度及传感器信息

⑦ 注意查看传感器、前桥设定值、后桥设定值及 F2~F10 各键的作用。先按 F3~F10 键调整水平高度至标准值,然后按 F2 键输入角度(图 8-3-4)。

⑧ 将左前倾斜角设置为 1.9 [前桥设定值:倾斜角 1.4°~2.4°(Romess 倾斜测量仪),

图 8-3-4　输入设定值

取中间值 1.9°],点击"确定"继续(图 8-3-5)。

图 8-3-5　将左前倾斜角设置为 1.9

⑨ 将右前倾斜角设置为 1.9,点击"确定"继续(图 8-3-6)。

图 8-3-6　将右前倾斜角设置为 1.9

⑩ 将左后倾斜角设置为 －2.0[后桥设定值：倾斜角 －1.6°～－2.3°,约取中间值 －2.0°],点击"确定"继续(图 8-3-7)。

图 8-3-7　将左后倾斜角设置为 －2.0

⑪ 将右后倾斜角设置为 －2.0,点击"确定"继续(图 8-3-8)。
⑫ 查看各倾斜角数据,核实无误,点击"是",用输入的数值进行高度标定(图 8-3-9)。
⑬ 显示"高度标定成功",点"确定"完成水平高度校准。关闭点火开关,退出软件,操作结束。

图 8-3-8　将右后倾斜角设置为-2.0

图 8-3-9　用输入的数值进行高度标定

四、天窗初始化

以道通 MS908 对 2016 年款保时捷 Macan 天窗初始化为例进行介绍。

① 连接道通诊断仪，通过 VIN 码智能识别功能，一键快速定位车型（图 8-4-1）。

② 进入控制单元，选择"后端电子设备"。

图 8-4-1　定位车型

③ 选择"特殊功能"（图 8-4-2）。

图 8-4-2　选择"特殊功能"

④ 进入"滑动天窗/全景式天窗标准化"（图 8-4-3）。

图 8-4-3　进入"滑动天窗/全景式天窗标准化"

⑤ 仔细阅读相关提示并遵守注意事项，点击"确定"继续下一步（图 8-4-4）。

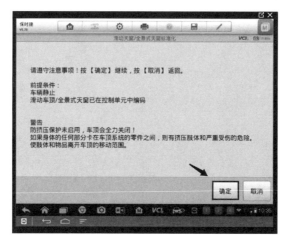

图 8-4-4　仔细阅读相关提示并遵守注意事项

205

⑥ 此时标准化状态显示为"不正常",点击"启动"开始天窗标准化(图 8-4-5)。

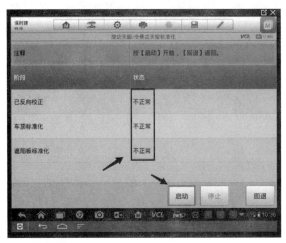

图 8-4-5 点击"启动"开始天窗标准化

⑦ 功能执行完成后状态显示为"功能完成",点击"回退",天窗校准功能完成(图 8-4-6)。

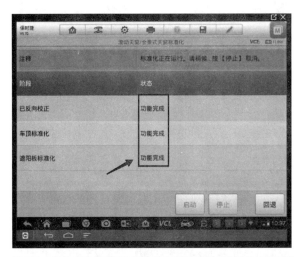

图 8-4-6 天窗校准功能完成

五、刹车压力传感器校准

以元征 X-431 PAD Ⅲ 对 2018 年款凯迪拉克 XTS 刹车压力传感器校准为例进行介绍。

① 选择"中国通用",连接进入后选择"自动搜索"功能(图 8-5-1)。

图 8-5-1 选择"自动搜索"功能

② 选择"快速测试"扫描出全车系统(图 8-5-2)。

图 8-5-2 选择"快速测试"

③ 选择"EBCM(ABS 电子刹车控制模块)"并点击进入(图 8-5-3)。

图 8-5-3 选择"EBCM(ABS 电子刹车控制模块)"

④ 选择"特殊功能",进入后选择"刹车压力传感器校正"(图 8-5-4)。

图 8-5-4　选择"特殊功能"

⑤ 满足条件"不踩下刹车踏板",然后点击"确定"(图 8-5-5)。

图 8-5-5　满足条件"不踩下刹车踏板"

⑥ 点击"确定"开始学习(图 8-5-6)。

图 8-5-6　点击"确定"开始学习

⑦ 提示"处理中,请稍候",大约等待 5s 的时间(图 8-5-7)。
⑧ 学习完后提示"步骤完成",点击"确定"学习结束(图 8-5-8)。

图 8-5-7　提示"处理中,请稍候"

图 8-5-8　点击"确定"学习结束

第九章
其他匹配及编程设码

一、方向机 ECU 更换匹配

以道通 MS908 PRO 对 2015 年款高尔夫方向机 ECU 更换匹配为例进行介绍。

① 打开点火开关，连接好道通诊断仪，使用智能识别功能快速进入车型，进入后显示主菜单（图 9-1-1）。

图 9-1-1　进入后显示主菜单

② 选择"编程/定制测试"，选择"在线参数化"（图 9-1-2）。

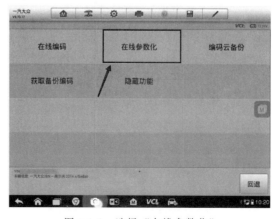

图 9-1-2　选择"在线参数化"

③ 仔细阅读界面提示信息，确保网络和电压满足要求后，点击"是"（图 9-1-3）。

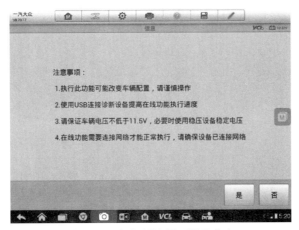

图 9-1-3　仔细阅读界面提示信息

④ 选择"44-动力转向"，开始从服务器获取数据（图 9-1-4）。

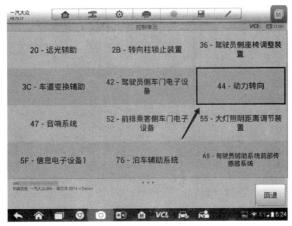

图 9-1-4　选择"44-动力转向"

⑤ 获取到数据后，点击"是"，开始进行参数设置（图 9-1-5）。

图 9-1-5

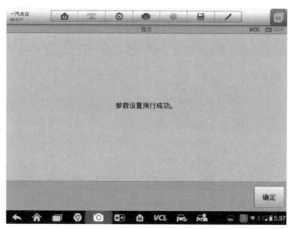

图 9-1-5 进行参数设置

⑥ 关闭点火开关,等待大约 30s,再打开点火开关(图 9-1-6)。
⑦ 点击"是",开始清除故障码,功能结束(图 9-1-7)。
⑧ 重新读取故障码,系统正常,方向机 ECU 在线参数化设置完成(图 9-1-8)。

图 9-1-6　关闭点火开关后再打开

图 9-1-7　清除故障码

图 9-1-8　系统正常

二、更换仪表匹配

以道通 MS906S 对大众帕萨特更换全新仪表匹配为例进行介绍。

① 使用 MS906S 与车辆连接，选择正确车型。

② 进入诊断模式，选择"仪表"控制单元，点击"安全访问"（图 9-2-1）。

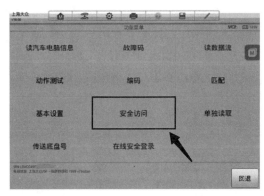

图 9-2-1　点击"安全访问"

③ 按照提示输入 5 位防盗密码（图 9-2-2）。

图 9-2-2　输入 5 位防盗密码

④ 点击"匹配",输入通道号"50",点击"确定"进入匹配界面(图 9-2-3)。

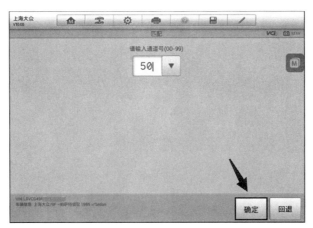

图 9-2-3　输入通道号

⑤ 点击"设新值"(图 9-2-4)。

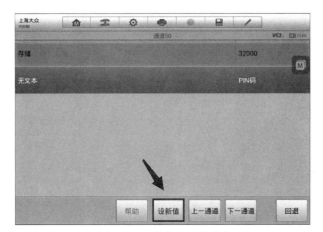

图 9-2-4　点击"设新值"

⑥ 输入 5 位原防盗密码"02994"(图 9-2-5)。

图 9-2-5　输入 5 位原防盗密码

⑦ 输入完成后依次点击"测试"（图 9-2-6）。

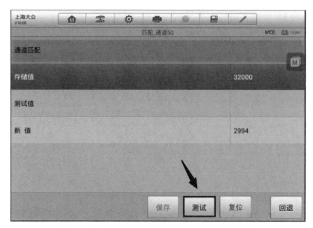

图 9-2-6　输入完成后依次点击"测试"

⑧ 选择"保存"（图 9-2-7）。

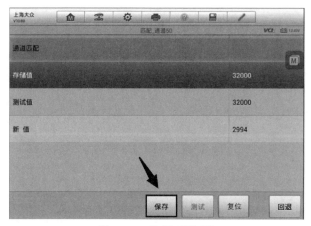

图 9-2-7　选择"保存"

⑨ 显示设置成功，点击"确定"，防盗数据同步成功，仪表匹配完成（图 9-2-8）。

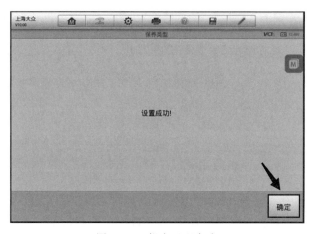

图 9-2-8　仪表匹配完成

⑩ 再次进入"匹配",输入通道号"21"(图 9-2-9)。

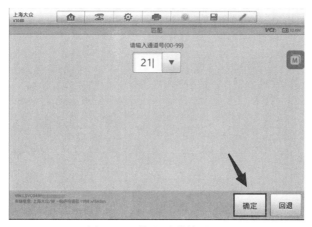

图 9-2-9　输入通道号"21"

⑪ 输入需要匹配的钥匙数量,依次点击"测试"(图 9-2-10)。

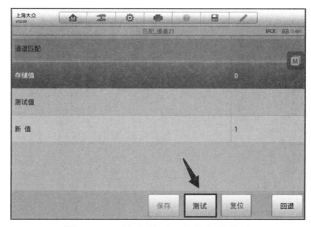

图 9-2-10　输入需要匹配的钥匙数量

⑫ 点击"保存"后正常着车,问题解决(图 9-2-11)。

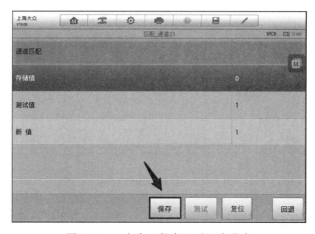

图 9-2-11　点击"保存"后正常着车

三、解除车辆运输模式

以道通 MS908S 对大众朗逸解除车辆运输模式为例进行介绍。

① 连接道通诊断设备 MS908S，选择车型（图 9-3-1）。

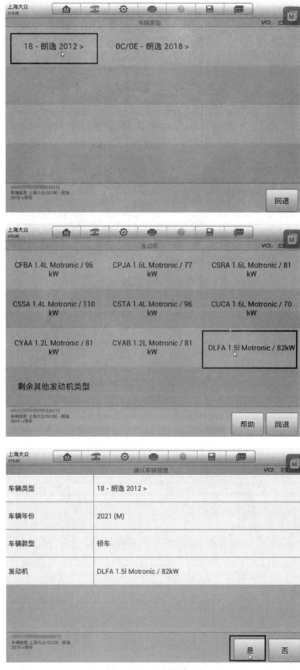

图 9-3-1　选择车型

② 在发动机控制模块中会读取到一个"P169A00——加载模式启用"静态故障码（图 9-3-2）。

图 9-3-2　读取故障码

③ 回到主菜单界面，选择"常用特殊功能"菜单进入（图 9-3-3）。

图 9-3-3　选择"常用特殊功能"

④ 点击进入界面中的"打开/关闭运输模式"（图 9-3-4）。

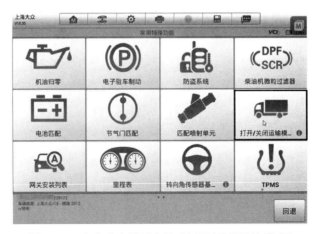

图 9-3-4　点击进入界面中的"打开/关闭运输模式"

⑤ 此时的车辆处于运输模式打开的状态，选择菜单中的"关闭运输模式"（图 9-3-5）。

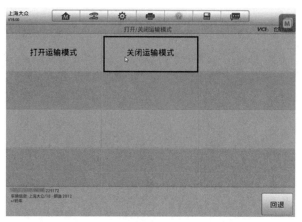

图 9-3-5　选择菜单中的"关闭运输模式"

⑥ 在提示选择需要关闭的系统时，大多数情况下只需要选择"19-数据总线诊断接口"进入即可（图 9-3-6）。

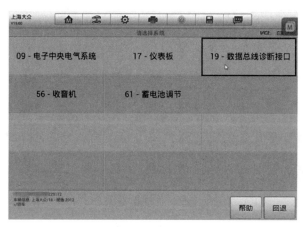

图 9-3-6　选择"19-数据总线诊断接口"

⑦ 根据本车配置直接点击"模式 1/广播模式"进入（图 9-3-7）。

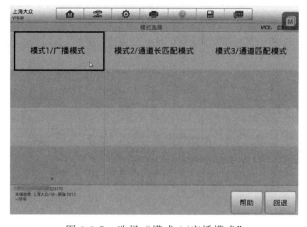

图 9-3-7　选择"模式 1/广播模式"

注意:模式选择过程中,以错误模式进入设备会提示"条件不满足"。
⑧ 通过设备看到运输模式当前状态(图 9-3-8)。

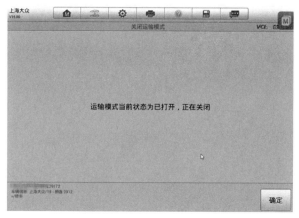

图 9-3-8　运输模式当前状态

⑨ 阅读提示,根据设备的提示关闭点火开关(图 9-3-9)。

图 9-3-9　关闭点火开关

⑩ 设备提示"运输模式"关闭成功(图 9-3-10)。

图 9-3-10　"运输模式"关闭成功

⑪ 再次扫描全部系统，系统发动机控制单元显示正常（图9-3-11）。

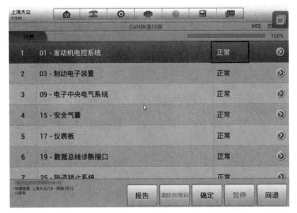

图9-3-11　系统发动机控制单元显示正常

四、防盗匹配

以元征X-431 PADⅢ对奥迪A6匹配防盗为例进行介绍。

① 用一把可以正常使用的钥匙打开点火开关，选择"特殊功能"（图9-4-1）。

图9-4-1　选择"特殊功能"

② 选择"防盗密码读取"（图9-4-2）。

图9-4-2　选择"防盗密码读取"

③ 选择"奥迪 A6 99 年以后"（图 9-4-3）。

图 9-4-3　选择"奥迪 A6 99 年以后"

④ 点击"是"继续（图 9-4-4）。

图 9-4-4　点击"是"继续

⑤ 读到"密码：9615"。点击"否"继续（图 9-4-5）。

图 9-4-5　点击"否"继续

⑥ 选择"17 仪表板系统"（图 9-4-6）。
⑦ 点击"确定"继续（图 9-4-7）。

图 9-4-6　选择"17 仪表板系统"

图 9-4-7　点击"确定"继续

⑧ 选择"11 系统登录"(图 9-4-8)。

图 9-4-8　选择"11 系统登录"

⑨ 选择"5 位密码"(图 9-4-9)。

⑩ 输入读到的密码,点击"确定"(图 9-4-10)。

⑪ 登录成功,点击"确定"(图 9-4-11)。

图 9-4-9　选择"5 位密码"

图 9-4-10　输入读到的密码

图 9-4-11　登录成功

⑫ 选择"10 通道调整匹配"(图 9-4-12)。
⑬ 输入通道号"21"(图 9-4-13)。
⑭ 需要匹配 2 把钥匙,点"＋"到匹配值显示 2(图 9-4-14)。

⑮ 通道匹配成功，点击"确定"，拔出钥匙，插入另一把钥匙，此时两把钥匙都可以着车，防盗匹配成功（图 9-4-15）。

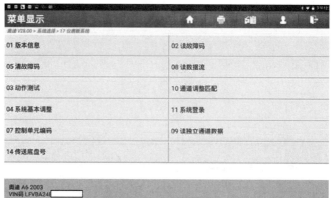

图 9-4-12　选择"10 通道调整匹配"

图 9-4-13　输入通道号"21"

图 9-4-14　选择需要匹配的钥匙

图 9-4-15　通道匹配成功

五、变速箱电脑在线编程

以元征 X-431 PADⅢ对别克英朗更换变速箱电脑在线编程为例进行介绍。
① 选择"在线编程"（图 9-5-1）。

图 9-5-1　选择"在线编程"

② 选择"中国通用"。显示车型版本信息，点击"确定"进入（图 9-5-2）。

图 9-5-2　显示车型版本信息

③ 进入在线编程菜单，选择"英朗"（图9-5-3）。

图9-5-3　选择"英朗"

④ 显示车型年款，选择"2010-2016"（图9-5-4）。

图9-5-4　选择"2010-2016"

⑤ 选择"变速箱（TCM）"（图9-5-5）。

图9-5-5　选择"变速箱（TCM）"

⑥ 选择"ECU 编程"（图 9-5-6）。

图 9-5-6　选择"ECU 编程"

⑦ 确认 VIN 码，正确后点击"是"（图 9-5-7）。

图 9-5-7　确认 VIN 码

⑧ 如果 VIN 码错误，则点击"否"，手动输入 17 位正确的 VIN 码后点击"确定"（图 9-5-8）。

图 9-5-8　手动输入 VIN 码

⑨ 进行 TCM 变速箱编程，点击"是"（图 9-5-9）。

图 9-5-9　进行 TCM 变速箱编程

⑩ 提示编程信息，点击"是"（图 9-5-10）。

图 9-5-10　提示编程信息

⑪ 编程进行中（图 9-5-11）。

图 9-5-11　编程进行中

⑫ 编程完成后点击"确定"(图 9-5-12)。

图 9-5-12　编程完成

⑬ 选择"配置与设定"(图 9-5-13)。

图 9-5-13　选择"配置与设定"

⑭ 确认 VIN 码，正确后点击"是"，错误点击"否"(图 9-5-14)。

图 9-5-14　确认 VIN 码

⑮ 点击"是"(图 9-5-15)。

图 9-5-15 点击"是"

⑯ 进行配置与设定,点击"是"继续(图 9-5-16)。

图 9-5-16 进行配置与设定

⑰ 确保点火开关已打开,点击"确定"(图 9-5-17)。

图 9-5-17 确保点火开关已打开

⑱ 循环点火，使点火开关从"打开"切换为"关闭"，然后回到"打开"位置。关闭点火，点击"确定"（图 9-5-18）。

图 9-5-18　循环点火

⑲ 等待（图 9-5-19）。

图 9-5-19　等待

⑳ 打开点火，然后点击"确定"（图 9-5-20）。

图 9-5-20　打开点火

㉑ 提示已成功完成，点击"确定"（图 9-5-21）。

图 9-5-21　提示已成功完成

㉒ 启动发动机，设置驻车制动，四驱切换为两驱，点击"是"，关闭点火（图 9-5-22）。

图 9-5-22　四驱切换为两驱

㉓ 打开点火，然后点击"确定"（图 9-5-23）。

图 9-5-23　点击"确定"

㉔ 启动发动机，使变速箱达到适当温度（图9-5-24）。

图9-5-24　使变速箱达到适当的温度

㉕ 满足温度要求后，点击"是"（图9-5-25）。

图9-5-25　满足温度要求

㉖ 等待条件满足，满足后提示快速读取适配成功，点击"确定"（图9-5-26）。

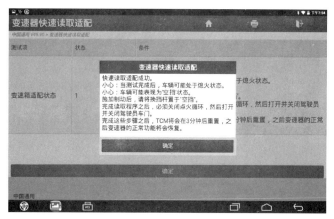

图9-5-26　快速读取适配成功

㉗ 操作完成，关闭点火开关30秒后点击"确定"退出（图9-5-27）。

图 9-5-27　操作完成

六、网关控制单元编码

以道通 MS908S 对帕纳梅拉更换网关模块后编程码为例进行介绍。

① 连接诊断仪至车辆，选择"保时捷"→"自动选择"→"诊断"→"控制单元"→"网关"→"在线编码"（图 9-6-1）。

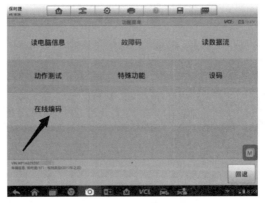

图 9-6-1　选择"在线编码"

② 页面提示必须连接互联网，确定联网正常后点击"确定"（图 9-6-2）。

图 9-6-2　连接互联网

③ 弹出是否备份编码界面，点击"是"，进行备份编码操作（图 9-6-3）。

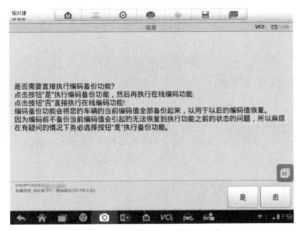

图 9-6-3　进行备份编码操作

④ 提示备份已经完成，点击"确定"继续执行在线编码功能（图 9-6-4）。

图 9-6-4　备份已经完成

⑤ 提示"在线编码成功"，点击"确定"（图 9-6-5）。

图 9-6-5　在线编码成功

七、在线编程

以元征 X-431 PADⅢ对 2012 年款奥迪 Q5 变道辅助系统在线编程为例进行介绍。

① 选择奥迪车型,系统为 V28.21 及以上版本,进入后显示主菜单,点击"在线功能"(图 9-7-1)。

图 9-7-1 点击"在线功能"

② 选择"在线编程",有如下提示信息(图 9-7-2)。

③ 点击"确定"后选择"手动模式";进入后输入系统地址和查询的关键字,这里是输入 3C 系统以及对应的零件号(图 9-7-3)。

图 9-7-2 选择"在线编程"

图 9-7-3

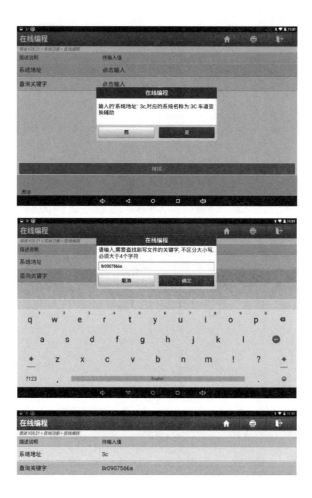

图 9-7-3 查询关键字

④ 以上输入完成后点击"继续",可以查找得到对应的编程文件(图 9-7-4)。

图 9-7-4 查找对应的编程文件

⑤ 选择编程文件进行下载，如果还没有登录账户，此处需要先执行登录，否则直接下载编程文件（图 9-7-5）。

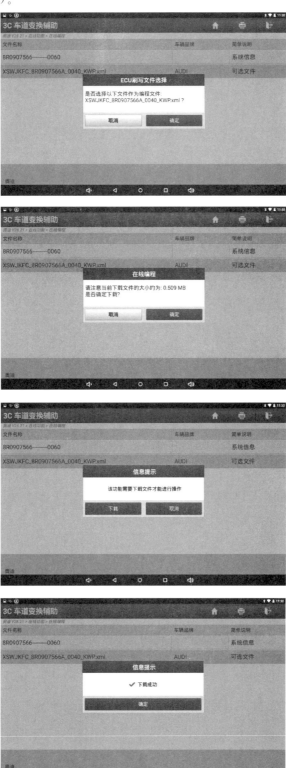

图 9-7-5　选择编程文件进行下载

⑥ 文件下载完成后接着点击"确定",开始执行 ECU 刷写过程,刷写时间需要 20min 左右,请耐心等待(图 9-7-6)。

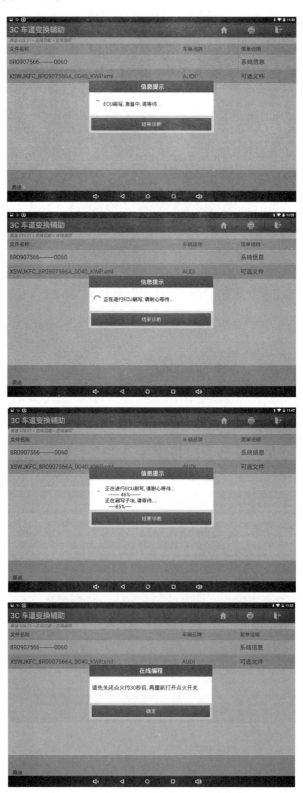

图 9-7-6　正在刷写

⑦ 刷写完成后清除故障码，再次读取版本信息，在线编程成功完成（图 9-7-7）。

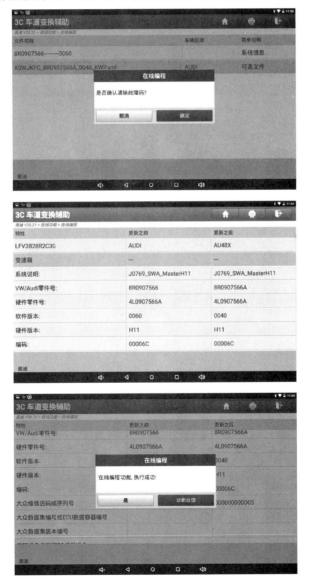

图 9-7-7　再次读取版本信息

八、开通隐藏功能

1. 大众开通运动指针

以道通 MS908 对大众速腾开通运动指针为例进行介绍。

① 使用道通 MS908 与车辆连接,选择对应车型后,选择"编程/定制测试"(图 9-8-1)。

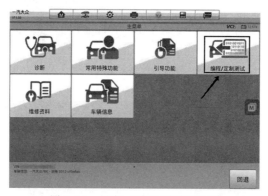

图 9-8-1 选择"编程/定制测试"

② 选择"隐藏功能"(图 9-8-2)。

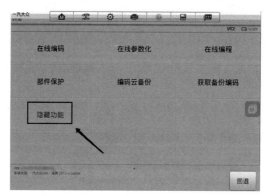

图 9-8-2 选择"隐藏功能"

③ 出现注意事项,点击"确定"(图 9-8-3)。

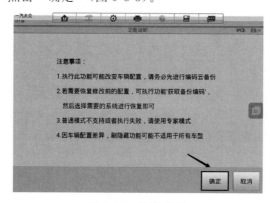

图 9-8-3 注意事项

④ 选择"普通模式"(图 9-8-4)。

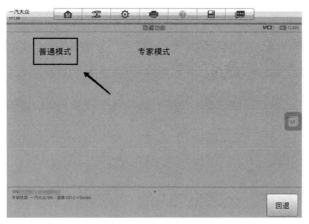

图 9-8-4　选择"普通模式"

⑤ 选择"开启仪表自检"(图 9-8-5)。

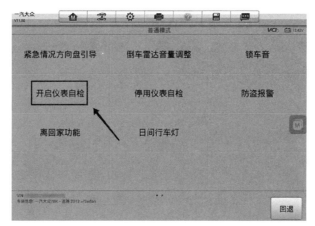

图 9-8-5　选择"开启仪表自检"

⑥ 开启仪表自检,点击"确定"(图 9-8-6)。

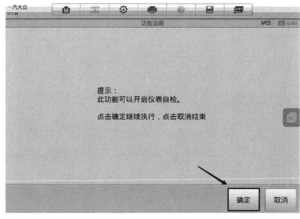

图 9-8-6　开启仪表自检

⑦ 功能执行成功，重新启动后，仪表运动指针功能出现，完成操作（图 9-8-7）。

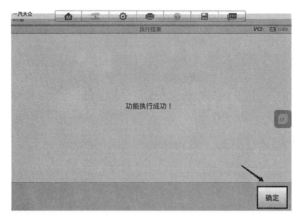

图 9-8-7　功能执行成功

2. 宝马开通"天使眼"

以道通 MS908Pro 对宝马 X1 开通"天使眼"为例进行介绍。
① 使用 MS908Pro 与车辆连接，自动读取 VIN 进入车型。
② 进入"编程"选项。
③ 选择"刷隐藏"功能（图 9-8-8）。

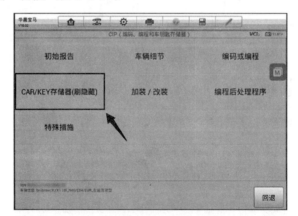

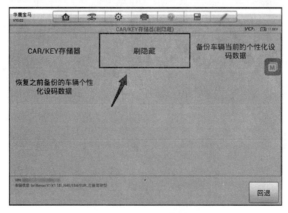

图 9-8-8　选择"刷隐藏"功能

④ 进入"灯光照明",可以看到"(BO)天使眼功能/日间行车灯(CAR)"状态为"永远关闭"(图9-8-9)。

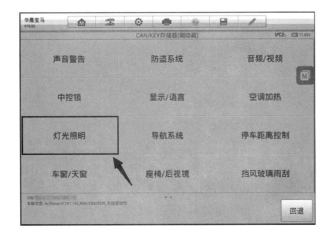

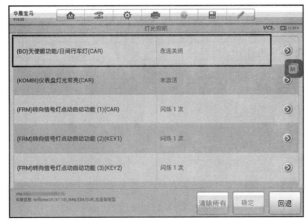

图 9-8-9　进入"灯光照明"

⑤ 进入该窗口,点击"永远开启",可以看到锁车自动折叠后视镜状态已变成"永远开启",点击"确定"继续下一步(图9-8-10)。

注意:菜单栏有自定义选项,可以根据客户需求进行自定义设置。

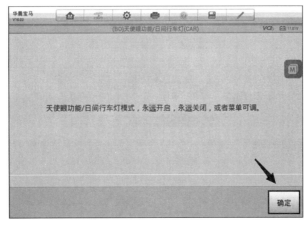

图 9-8-10

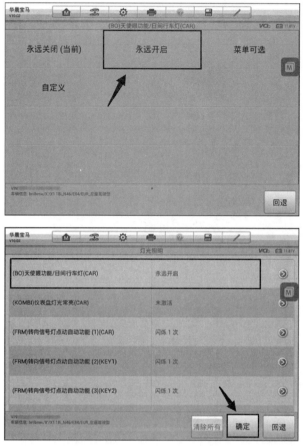

图 9-8-10　点击"永远开启"

⑥ 点击"确定"对相应的模块进行编码，编码完成后，可以看到已开启成功的提示（图 9-8-11）。

3. 奔驰修改最高车速限制

以元征 X-431 PADⅢ对奔驰 R300 修改最高车速限制为例进行介绍。

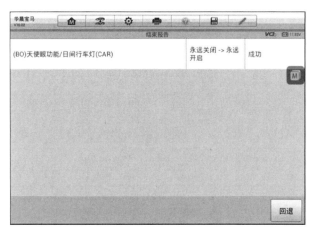

图 9-8-11　开通天使眼功能完成

① 选择"自动搜索"功能（图 9-8-12）。

图 9-8-12　选择"自动搜索"功能

② 确认车型信息正确，点击"确定"（图 9-8-13）。

图 9-8-13　确认车型信息正确

③ 选择"系统选择"功能（图 9-8-14）。
④ 选择"ECM-发动机控制模块（ME9.7）"（图 9-8-15）。
⑤ 按照提示打开点火开关，点击"确定"（图 9-8-16）。

图 9-8-14 选择"系统选择"功能

图 9-8-15 选择"ECM-发动机控制模块（ME9.7）"

图 9-8-16 按照提示打开点火开关

⑥ 选择"隐藏/改装"（图 9-8-17）。
⑦ 选择"最高车速限制"（图 9-8-18）。
⑧ 此车车速限制为 240km/h。要修改此车速，点击"车速限制"（图 9-8-19）。

图 9-8-17 选择"隐藏/改装"

图 9-8-18 选择"最高车速限制"

图 9-8-19 点击"车速限制"

⑨ 根据情况,选择所需的车速,例如选"210km/h"(图 9-8-20)。
⑩ 点击"写编码"(图 9-8-21)。
⑪ 点击"是"执行该功能(图 9-8-22)。

图 9-8-20 选择所需的车速

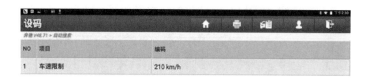

图 9-8-21 点击"写编码"

图 9-8-22 点击"是"执行该功能

⑫ 功能执行成功，此时车速限制为 210km/h，点"确定"（图 9-8-23）。

图 9-8-23　功能执行成功

4. 奥迪关闭启停功能

以道通 MS908S 对 2018 年款奥迪 Q3 关闭启停功能为例进行介绍。

① 选择"一汽奥迪",使用自动定位 VIN 功能进入车型后,点击"诊断"(图 9-8-24)。

注意:转向角匹配、转向端位学习之类功能进入"引导功能"菜单,在线功能进入"编程/定制测试","刷隐藏"也可以进入"编程/定制测试"。

图 9-8-24　点击"诊断"

② 选择"控制单元"(图 9-8-25)。

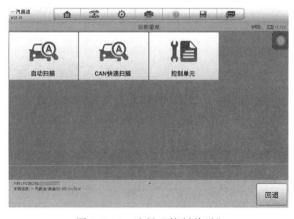

图 9-8-25　选择"控制单元"

③ 选择"10-停车辅助设备2"控制单元（图9-8-26）。

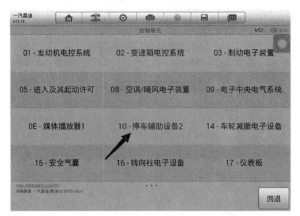

图9-8-26　选择"10-停车辅助设备2"

④ 选择"匹配"（图9-8-27）。

图9-8-27　选择"匹配"

⑤ 选择"停用启动/停止功能"（图9-8-28）。

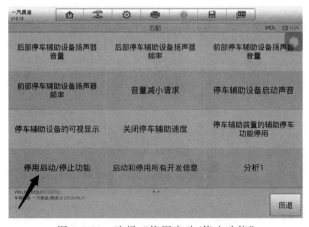

图9-8-28　选择"停用启动/停止功能"

⑥ 点击"设置"，更改该控制单元中的设置选项（图9-8-29）。

图 9-8-29　更改该控制单元中的设置选项

⑦ 点击页面右上方倒三角按钮,选择"控制单元中的启用-停止功能没有启用",然后点击"确定"(图 9-8-30)。

图 9-8-30　选择"控制单元中的启用-停止功能没有启用"

⑧ 显示"设置成功",点击"确定"退出诊断页面。试车一段时间后确认启停功能已关闭,功能操作完成(图 9-8-31)。

图 9-8-31　设置成功